A REPÚBLICA BOSSA-NOVA
A democracia populista (1954-1964)

HISTÓRIA EM DOCUMENTOS

A REPÚBLICA BOSSA-NOVA
A democracia populista (1954-1964)

José Dantas Filho
Francisco Fernando Monteoliva Doratioto

Coordenação:
Maria Helena Simões Paes
Marly Rodrigues

14ª EDIÇÃO

Conforme a nova ortografia

ATUAL EDITORA

Copyright © José Dantas Filho e Francisco Fernando Monteoliva Doratioto, 1991.

SARAIVA S.A. Livreiros Editores
Rua Henrique Schaumann, 270 — Pinheiros
05413-010 — São Paulo — SP
Fone: (0xx11) 3613-3000
Fax: (0xx11) 3611-3308 — Fax vendas: (0xx11) 3611-3268
www.editorasaraiva.com.br
Todos os direitos reservados.

Dados Internacionais de Catalogação na Publicação (CIP)
(Câmara Brasileira do Livro, SP, Brasil)

Dantas Filho, José
A República bossa-nova : a democracia populista : 1954-1964 / José Dantas Filho, Francisco Monteoliva. — São Paulo : Atual, 1991. — (História em documentos)

ISBN 978-85-7056-379-8

1. Brasil — Política e governo — 1954-1964 I. Doratioto, Francisco Fernando Monteoliva II. Título. III. Título: A democracia populista : 1954-1964. IV. Série.

91-1909   CDD-320-981064

Índices para catálogo sistemático:

1. Brasil : Política e governo, 1954-1964   320.981064

Série **História em Documentos**

Editora: Samira Youssef Campedelli
Coordenador editorial: Henrique Félix
Assistente editorial: Jacqueline Mendes Fontes
Preparação de texto: Paulo Sá
Revisão: Pedro Cunha Jr. e Lilian Semenichin
Coordenação de arte: Tania Ferreira de Abreu
Arte: Zacarias Gonçalves de Brito
Cláudia Ferreira
Produção gráfica: Antonio Cabello Q. Filho
Silvia Regina E. Almeida
José Rogério L. de Simone
Consultoria para o desenvolvimento do projeto:
Edgard Luiz de Barros
Projeto gráfico: Ethel Santaella
Capa: Avelino Guedes
Composição: K.L.N.
Fotolito: Cromoset

14ª edição/3ª tiragem
2012

Todas as citações de textos contidas neste livro estão de acordo com a legislação, tendo por fim único e exclusivo o ensino. Caso exista algum texto a respeito do qual seja necessária a inclusão de informação adicional, ficamos à disposição para o contato pertinente. Do mesmo modo, fizemos todos os esforços para identificar e localizar os titulares dos direitos sobre as imagens publicadas e estamos à disposição para suprir eventual omissão de crédito em futuras edições.

Visite nosso *site*: www.atualeditora.com.br
Central de atendimento ao professor:
0800-0117875

SUMÁRIO

Parte I

Texto introdutório ——————————————— 1

Parte II

Documentos e depoimentos ———————————— 23
1. Governo Café Filho ———————————— 25
2. Governo Juscelino Kubitschek ——————— 28
3. Governo Jânio Quadros ——————————— 38
4. O período parlamentarista ————————— 43
5. Governo presidencialista de Goulart ———— 55
6. A vida cotidiana e a mudança dos hábitos — 69
7. O golpe militar de 1964 —————————— 74
8. Conclusão ——————————————————— 77

Apêndice

Vocabulário ——————————————————————— 81
Cronologia ———————————————————————— 84
Para saber mais ———————————————————— 87
Bibliografia —————————————————————— 88

Nota do Editor: A qualidade da reprodução fotográfica de alguns documentos ficou comprometida pela antiguidade das fontes.

PARTE I

Texto introdutório

O período 1954-1964 foi extremamente importante na história brasileira. Nesse espaço de tempo, as transformações econômicas e sociais iniciadas nas décadas anteriores ganharam forma definitiva. Foi a época da introdução da indústria moderna no país, alterando a vida das pessoas: *jeans*, automóveis nacionais, *rock*, televisão, eletrodomésticos, bossa nova*. Foi época, também, de intensa movimentação política: comícios, luta pelas reformas sociais, surgimento das grandes organizações trabalhistas, mudança da capital do Rio de Janeiro para Brasília, recém-construída.

Estudar tal período nos permite um entendimento mais amplo dos mecanismos sociais, políticos, econômicos e culturais que agem em nossas vidas, posto que algumas vezes não percebemos tais mecanismos.

Neste pequeno estudo utilizaremos dois marcos de tempo consagrados na história política do país: o suicídio do presidente Getúlio Vargas, em agosto de 1954, e o golpe militar de março de 1964.

Saio da vida para entrar na história

Em agosto de 1954, Getúlio Vargas suicidou-se com um tiro. Sofrera até ali uma intensa campanha difamatória movida pelas oposições, em especial a União Democrática Nacional (UDN), que não aceitavam a política econômica do presidente. Vargas buscou desenvolver o

---

* As palavras com asterisco são definidas no Vocabulário, no final do livro.

país incentivando a entrada controlada de capital estrangeiro e protegendo a indústria nacional, tentando criar regras que impedissem a simples exploração do mercado interno brasileiro pelas indústrias estrangeiras.

A oposição udenista*, que representava setores da economia ligados ao capital estrangeiro e a grupos mercantis que viviam da venda de produtos importados, não queria limitar a participação do produto estrangeiro, além de não se entusiasmar com a ideia da industrialização do país. A UDN também se assustou com a aproximação de Vargas dos trabalhadores. O presidente, perdendo lentamente o apoio das elites econômicas e da classe média, tentou expandir sua base na classe trabalhadora. Entretanto o apoio popular foi insuficiente para manter a política econômica.

O suicídio do presidente evitou que o golpe arquitetado pela UDN chegasse a seu final, levando os trabalhadores à rua numa onda de protestos contra a oposição conservadora e o capital estrangeiro.

Vargas conseguiu ser profético no seu último momento. Sua carta-testamento, um documento político de grande importância para o país, se encerra com a frase: "[...] saio da vida para entrar na história". No período que vai de sua morte até 1964, notamos a presença das ideias de Getúlio, apesar de sua ausência física. O grande debate político sobre a modernização do país, que se travou no período que estamos estudando, deu-se nos limites propostos pelo ex-presidente: qual seria o verdadeiro papel do Estado, da iniciativa privada nacional e do capital estrangeiro na industrialização brasileira?

A UDN ganhou mas não levou...

Morto Vargas, assumiu o governo seu vice-presidente, Café Filho, que rompera com o titular nos últimos momentos de sua administração. A comoção popular com a morte trágica de Getúlio Vargas limitou o governo do novo presidente. Ainda que parte do novo ministério fosse ligada à UDN, o povo reprovara visivelmente o comportamento desse partido.

Café Filho se comprometeu a respeitar os prazos eleitorais, que determinavam uma eleição parlamentar ainda em 54 e uma nova eleição presidencial em 55, derrotando a pretensão udenista de adiar os pleitos. A UDN temia perder as eleições, diante da exploração política do suicídio de Getúlio.

Na eleição para o Congresso, as posições dos principais partidos pouco se alteraram, demonstrando que as bases sociais que cada um possuía eram relativamente firmes. A UDN totalizou 74 cadeiras, conseguindo mais uma vez votação expressiva entre a classe média. O Partido Social Democrático (PSD), representante das elites burocráticas do Estado, dos proprietários de terras e de setores nacionais da burguesia*, maior força política do país, conseguiu 114 cadeiras. Por último, o Partido Trabalhista Brasileiro (PTB), apoiado na burocracia sindical e representando a classe trabalhadora urbana, totalizou 56 cadeiras.

A UDN não conseguiria governar sem maioria no Congresso, e esta claramente pertencia à antiga aliança política costurada por Getúlio, a coligação PSD-PTB.

A corrida presidencial foi pior para a UDN: seu candidato, Juarez Távora, foi batido pelo pessedista Juscelino Kubitschek, ex-governador de Minas Gerais, lançado com apoio do PTB. JK conseguiu aproximadamente 36% do total de votos, contra 30% de Juarez Távora e 26% de Adhemar de Barros, do Partido Social Progressista (PSP).

A eleição para a Vice-Presidência era feita, naquela época, em separado. O vice-presidente vitorioso, o petebista* João Goulart, somou quase 3,6 milhões de votos, mais do que o próprio presidente, vencendo por 200 mil votos a Milton Campos, da UDN.

A UDN, derrotada, abandonou a ação democrática e passou a advogar abertamente um golpe que impedisse a posse do presidente eleito, alegando que a Constituição de 1946 exigia uma maioria de votos, que, no en-

5

tender das lideranças udenistas, seria 50% mais um do total de votos. Denunciou, também, que a derrota fora movida pela intensa corrupção eleitoral promovida pela aliança vitoriosa. Além do mais, irritou profundamente aos udenistas a vitória de Goulart. Jango, como era conhecido o eleito, representava a herança política de Getúlio, tendo sido, inclusive, ministro do Trabalho no último governo do ex-presidente.

O jornalista Carlos Lacerda, uma das maiores lideranças udenistas, lançou seu apelo ao golpe que impediria, segundo ele, a ascensão do comunismo no país. A confusão no uso do termo "comunista" fica patente, servindo para designar qualquer tipo de liderança ou reivindicação que não agradasse às elites brasileiras, ou que buscasse controlar a participação do capital estrangeiro no país. Por isso o "varguismo", personificado por Goulart, levou o rótulo de comunismo dado pelos radicais da direita*. O Partido Comunista propriamente dito tinha sido posto na ilegalidade, sofrendo constante repressão desde 1947, o que limitava suas possibilidades práticas de atuação fora do meio sindical, onde tinha relativa representação.

A situação tornou-se mais tensa no início de novembro de 1955: Café Filho foi internado às pressas com problemas cardíacos, sendo substituído pelo presidente da Câmara dos Deputados, Carlos Luz, que, fazendo o jogo da UDN, era francamente favorável ao impedimento de Juscelino e Goulart. O ministro do Exército, general Henrique Lott, preocupado com a possibilidade de desrespeito à Constituição, promoveu em 11 de novembro de 55 um "golpe preventivo", que afastou Carlos Luz e impediu a volta de Café Filho à Presidência, entregando-a ao sucessor constitucional, o presidente do Senado, Nereu Ramos. Lott conseguiu relativo apoio das Forças Armadas para o golpe, controlando a transição política até a posse dos eleitos no ano seguinte. Ao mesmo tempo, Kubitschek e Goulart se esforçaram para tranquilizar a elite nacional, descartando qualquer relacionamento com o proibido Partido Comunista e afirmando a vocação democrática do novo governo.

O presidente bossa-nova

Os versos de uma música da época, de autoria de Juca Chaves, nos dão uma visão aproximada, em tom de sátira, do estilo político de Kubitschek:

Bossa-nova mesmo é ser Presidente / Desta terra descoberta por Cabral/Para tanto basta ser tão simplesmente / Simpático, risonho, original...

Mais do que isso, o presidente baseou toda sua campanha eleitoral num plano de metas que prometia transformar o Brasil em apenas cinco anos de governo. Os "cinquenta anos em cinco" envolviam objetivos variados que iam desde a ampliação da rede viária do país até a construção de uma nova capital, passando por melhoria nas áreas de energia, alimentação e educação. O Brasil, finalmente, completaria o processo de industrialização que, segundo se acreditava na época, seria a solução para todos os problemas nacionais.

Até aquele momento a industrialização caminhara sob incentivo governamental. Vargas conseguiu a instalação no país da indústria siderúrgica e garantiu, no seu segundo governo, o controle das fontes de energia, com a formação da Petrobrás e com o projeto da Eletrobrás. No governo Kubitschek, o Estado brasileiro continuaria a garantir a produção nos setores de bens intermediários* e de energia, propiciando a infraestrutura necessária para o avanço da indústria.

A industrialização baseara-se, até ali, na construção de indústrias produtoras de bens de consumo não duráveis, como tecidos, alimentos e outros, que substituíam as importações. A estratégia utilizada desde Vargas era bem definida, desviando capitais gerados na exportação dos produtos brasileiros, especialmente o café, para finan-

7

ciar a instalação das indústrias. Entretanto, desde o governo Café Filho, constatou-se uma constante queda do valor dos produtos primários que o Brasil exportava, dificultando a captação de recursos. Eugênio Gudin, ministro da Fazenda de Café Filho, às voltas também com o problema inflacionário que se arrastava desde o segundo governo de Vargas, tentou resolver a questão liberando a entrada de capitais estrangeiros no país, através da Instrução n.º 113 da Superintendência de Moeda e Crédito (Sumoc).

Assim, abriu-se a possibilidade de a indústria crescer não apenas com a canalização de recursos da exportação, mas também através do investimento estrangeiro direto no país. A Instrução 113, mantida em vigor por Kubitschek, permitiu a instalação do setor de bens de consumo duráveis* no país, marca da indústria moderna. Para o empresário nacional, o caminho era se associar com as grandes multinacionais que passaram a se instalar no país: Volkswagen, Aero-Willys, DKW, Krupp, Daimler-Benz, Philips, Philco, etc.

Ao contrário do que temiam seus opositores, JK, diferente de Vargas, permitiu a abertura total do mercado brasileiro, não controlando a ação do capital internacional no país. Acreditava que a instalação de novas e modernas indústrias nos tiraria da condição de subdesenvolvimento eterno ao qual parecíamos estar condenados.

A modernização na estrutura industrial consolidou transformações sociais importantes. Aumentou a classe operária, introduzindo também mudanças qualitativas em sua composição, uma vez que os novos operários deviam contar com uma preparação diferente para lidar com as novas tecnologias. Os operários, com isso, adquiriram uma importância maior no quadro político e econômico. Ao mesmo tempo, a economia mais complexa exigia um quadro maior de trabalhadores burocráticos e de serviços, reforçando as camadas médias urbanas, que também ganharam novas possibilidades de consumo com as novas indústrias.

Mesmo os trabalhadores rurais, "esquecidos" pelo governo, começaram a sofrer o impacto da modernização do país. Até então tinha sido a exploração do seu trabalho que garantira o capital para a industrialização. A estrutura agrícola, baseada no latifúndio e na superexploração dos trabalhadores rurais, não sofrera mudanças até aquele momento. A agricultura também deveria seguir os passos da modernização, introduzindo a mecanização da lavoura, tendo como resultado imediato o desemprego e a baixa dos salários na área rural. Ao mesmo tempo, proprietários mais tradicionais aumentaram a exploração de seus trabalhadores, tentando manter o ritmo costumeiro de acumulação de capitais, sem investir em novas técnicas. Com isso, temos a radicalização dos problemas do campo, trazendo de volta a discussão, sempre adiada, da reforma agrária. Para os trabalhadores, a reforma da estrutura fundiária significaria uma oportunidade de escapar da fome, do desemprego e da péssima qualidade de vida. Para os setores de planejamento governamental, a reforma, desde que feita nos marcos do capitalismo, criando pequenos proprietários, poderia significar o aumento do abastecimento dos mercados urbanos, essencial para a continuidade do crescimento industrial.

Quase todas as metas de governo de Kubitschek foram cumpridas, mas o custo social começou a aparecer da metade de seu governo em diante: uma persistente inflação piorou as condições de vida nas cidades e no campo. A dívida externa brasileira também cresceu significativamente no período, uma vez que os gastos públicos aumentaram bastante e o governo não conseguia aumentar a arrecadação de impostos, pois as maiores indústrias se beneficiavam exatamente da isenção fiscal concedida pela Instrução 113.

Parte dos gastos públicos revertiam em favor da população — as estradas, a ampliação da rede elétrica e dos setores de educação e saúde —, mas outra não. Juscelino, por exemplo, como maneira de agradar às Forças Armadas, iniciara o reequipamento da Marinha com a dispendiosa compra de um velho porta-aviões inglês, batizado de "Minas Gerais", que gerou protestos da oposição.

A oposição tinha um outro prato cheio para seus ataques: a construção da nova capital federal, Brasília, revelou-se extremamente custosa. Brasília representava para o presidente uma espécie de meta síntese de sua ideia de desenvolvimento do país, mas até aquele momento estava vulnerável aos ataques dos udenistas, que usavam o velho discurso de moralização dos gastos públicos, condenando JK pelo projeto.

As incursões de JK no plano internacional também não foram bem-sucedidas. Não conseguiu convencer os norte-americanos de que os problemas da América Latina só seriam resolvidos com o desenvolvimento econômico, que afastaria o potencial revolucionário gerado pelas condições de pobreza absoluta verificadas na maioria dos países. Chegara a propor ao presidente Eisenhower a "Operação Pan-Americana", uma tentativa de cooperação multilateral dos países do continente para superar o subdesenvolvimento. Entretanto, o esperado reforço do capital norte-americano não se apresentou, levando ao fracasso da proposta. Os EUA preferiram acreditar que as várias revoltas que explodiam em todo o continente eram resultado da ação de sabotadores comunistas, bem de acordo com o espírito da "guerra fria"* que opunha os EUA e a URSS naquele momento.

A industrialização aumentou também as disparidades entre as regiões brasileiras, pois as novas indústrias se instalaram no sul do país. Para tentar reduzir um pouco essas diferenças, JK criou a Superintendência de Desenvolvimento do Nordeste (Sudene), que entretanto não logrou maiores vitórias.

Juscelino terminou seu governo numa posição ambígua. De um lado a visão do homem empreendedor, capaz de modernizar o Brasil em cinco anos de governo, consolidando definitivamente a industrialização. De outro, o governante não conseguiu segurar a inflação. Do ponto de vista político, no entanto, apresentou-se como o presidente que atravessou cinco anos sem nenhuma grave crise no governo, capaz de dialogar com o Congresso para conseguir o cumprimento de suas metas e, até mesmo, anistiar militares revoltosos que conspiraram contra seu governo. Com esse saldo relativamente positivo, Juscelino pretendia retornar à Presidência na eleição de 1965.

A aliança PSD-PTB lançou o nome do marechal Lott, o homem que garantira a legalidade, em 56, para a sucessão de Kubitschek, tendo como companheiro de chapa João Goulart. A oposição udenista apostou numa figura diferente dentro da política brasileira: Jânio Quadros.

O homem da vassoura

Jânio era, então, uma figura ímpar na política brasileira. Dotado de um estilo extremamente personalista, era o exemplo típico de um líder carismático*. Com um discurso autoritário e moralista, Jânio conseguiu várias vitórias eleitorais que o levaram desde o obscuro cargo de suplente de vereador em São Paulo, passando pela prefeitura da cidade, até o governo do Estado, derrotando fortes alianças políticas, inclusive Adhemar de Barros e seu PSP, cuja base era quase exclusivamente paulista. Parecia o candidato ideal para os udenistas. Relativamente jovem, pautando seu comportamento pelo ideal de ordem e moralidade pública, Jânio tinha um comportamento muito chamativo nos palanques, tentando a identificação imediata com os homens do povo. Roupas amarrotadas, barba de três dias, levando sanduíches no bolso e apresentando um português rebuscado, falado pausadamente. Usava como símbolo uma vassoura "para varrer a corrupção".

Jânio ultrapassava os limites partidários. Pertenceu ao Partido Democrata Cristão (PDC), mas recebia apoios variados, que iam de alas dissidentes do PTB até os socialistas. A UDN tinha, desse modo, o líder ideal para combater o populismo* varguista que ela via no poder: um outro populista, de direita.

A eleição de Jânio representou o inconformismo da

11

população com a difícil situação econômica do final do governo JK. Os eleitores votaram na promessa de austeridade pública e combate à inflação. Entretanto, uma curiosidade a mais se apresentou na campanha: a Vice-Presidência foi novamente ganha por João Goulart, vitória garantida por uma divisão dos votos antigetulistas entre Fernando Ferrari, do Movimento Trabalhista Renovador, e Milton Campos, da própria UDN. Além disso, Jânio tolerou a formação de comitês Jan-Jan, que pregavam o voto em Jânio para presidente e em Jango para vice — era permitido pela legislação da época —, o que desviou número considerável de votos petebistas para a chapa de oposição.

Jânio Quadros conseguiu uma vitória esmagadora, com mais de 5,6 milhões de votos contra 3,8 milhões dados a Lott e aproximadamente 2,2 milhões de Adhemar de Barros. Jânio ganhou o voto dos trabalhadores — prometendo uma melhora da situação geral —, o voto das classes médias — assustadas com o descontrole da inflação que penalizava seus anseios de ascensão social — e mesmo o da burguesia — confiante na promessa de moralidade pública. A UDN ganhou, também, importantes governos estaduais: Guanabara com Carlos Lacerda e Minas Gerais com Magalhães Pinto, entre outros.

Entretanto, a instabilidade do próprio presidente inviabilizou seu governo. Pouco tempo depois da posse, Jânio já estava isolado, rompido com lideranças udenistas. Se o moralismo político foi eficiente nos palanques, não se mostrou viável para o combate à inflação. Jânio oscilou, buscando contentar vários grupos diferentes ao mesmo tempo. Queria conciliar interesses divergentes como os dos empresários e os dos trabalhadores. Não contou com maioria no Congresso, que continuou nas mãos da coligação PSD-PTB, e cada ato seu contra os privilégios estabelecidos no funcionalismo público o afastou mais do entendimento. O ataque aos Institutos de Previdência, até então sob controle do PTB, levou-o ao rompimento com o vice-presidente. As inúmeras investidas contra órgãos do governo ligados aos planos de JK o afastaram dos pessedistas*.

De outro lado, os udenistas abandonavam o presidente que condecorou Ernesto Che Guevara, um dos líderes da Revolução Cubana, e que buscava se aproximar cada vez mais do Leste Europeu e dos países do Terceiro Mundo, contrariando a velha política de alinhamento automático com os Estados Unidos. Era a fase da "política externa independente"*, que apresentava Jânio ao mundo como "de esquerda", enquanto dentro do país se mostrava extremamente autoritário no combate a essa própria esquerda*.

Do ponto de vista econômico, Jânio Quadros seguiu o apertado figurino do Fundo Monetário Internacional, com o qual JK rompera. Eliminou o subsídio governamental nas importações, causando um imediato aumento nos preços do trigo e dos combustíveis, ao mesmo tempo em que congelou os salários. Desvalorizou o cruzeiro em 100%, encarecendo os custos de importações de máquinas e matérias-primas necessárias para a indústria brasileira.

Em agosto de 61, após poucos meses de governo, tentou sua última cartada para manter o controle sobre a situação política: renunciou à Presidência. Jânio, em sua carta de renúncia enviada ao Congresso, alegou a existência de "forças terríveis", insinuando um complô articulado talvez no exterior, contra seu governo e o país.

Vários historiadores consideram, atualmente, que Jânio Quadros agiu com objetivos autoritários. Uma vez que não contava com o apoio do Congresso, tentou jogar sua votação contra o Legislativo. Acreditava que conseguiria do Congresso poderes excepcionais para governar acima dos partidos e das classes. Contava, ainda, com a imagem esquerdista que seu vice-presidente tinha junto aos setores mais conservadores da sociedade, inclusive parte das Forças Armadas. Goulart, aliás, fora inteligentemente despachado em missão diplomática para a China comunista, antes da renúncia. Jânio esqueceu, no entanto, que o ato de renúncia é unilateral. Não precisava ser julgado pelo Congresso, como acreditava, e o ex-presidente ficou esperando em vão pelo retorno ao cargo "nos braços do povo". Por erro de cálculo, frustrou-se o golpe que planejou contra a ordem constitucional, sem que houvesse a mínima reação popular.

Goulart: de vice de Jânio a vice de Tancredo...

Numa coisa Jânio teve razão: parte das Forças Armadas realmente se assustou com a possibilidade de posse de João Goulart na Presidência. Ainda estava muito viva na memória de alguns a atuação de Goulart como ministro do Trabalho de Getúlio Vargas, quando propusera dobrar o valor do salário mínimo. Goulart, do ponto de vista político, tinha sido criado dentro do PTB, aparentemente treinado pelo conterrâneo Getúlio dentro das práticas populistas. Era considerado um homem ligado às esquerdas, mesmo sendo um grande latifundiário no sul do país e tendo exercido a Vice-Presidência desde 1956 de forma relativamente discreta. Parecia aos conservadores que era o retorno do populismo getulista.

Os ministros militares, encabeçados pelo ministro da Guerra, marechal Odílio Denys, lançaram em 25 de agosto um manifesto à nação, vetando a possibilidade de Jango assumir suas novas funções. Enquanto isso, governava o país o presidente da Câmara dos Deputados, Ranieri Mazzilli, devido à "ausência" do vice. Jango, consciente das resistências que existiam, retardou sua volta ao país, passando primeiro pelos EUA, na tentativa de dar uma satisfação aos que o acusavam de comunista.

Dentro do país o clima era tenso. Outra parte dos militares ainda relutava em apoiar o impedimento de Goulart, visto que sua obrigação era defender a legalidade. Alguns setores eram favoráveis a Goulart, especialmente sindicatos e entidades de classe, a União Nacional dos Estudantes (UNE), o governador gaúcho Leonel Brizola, que era cunhado do vice-presidente, o governador de Goiás, Mauro Borges, e o marechal Lott, então reformado, que terminou preso por manifestar sua opinião. Formou-se até uma rede de rádios favorável à posse, a "Rede da Legalidade". Brizola, com o apoio do comandante do III Exército, general Machado Lopes, preparava a resistência armada para garantir a posse do cunhado. Entretanto conseguiu-se uma solução negociada para o caso. A adoção do parlamentarismo* como forma de governo pareceu resolver satisfatoriamente o problema, pois esvaziava o poder do presidente da República, concentrando-o no Conselho de Ministros, cujo chefe, o primeiro-ministro, poderia ser derrubado por um veto do Congresso. Jango aceitou, aparentemente preocupado com a possibilidade de uma guerra civil no país. Contudo sentiu-se realmente tolhido em suas funções, passando a fazer tudo para readquirir as prerrogativas perdidas.

Outra música de Juca Chaves, 'Lembretes', ironizou a nova situação:

> Temos novo Presidente / Já foi vice, não é segredo / Deu-se um golpe de repente / Foi ser vice do Tancredo.

Tancredo Neves, negociador do pacto político, foi escolhido como primeiro chefe do Gabinete Parlamentar. Segundo a Emenda Constitucional n.º 4, que estabeleceu o parlamentarismo, deveria ser realizada uma consulta à população no ano final do governo Goulart para decidir sobre o futuro sistema presidencial. Desde o primeiro dia de governo, Goulart e seus colaboradores mais próximos começaram a lutar pela antecipação do plebiscito.

O período parlamentarista no Brasil foi muito tumultuado. No curto espaço de tempo de ano e meio, tivemos três primeiros-ministros diferentes, que falharam em atacar o principal problema nacional naquele momento, o acelerado processo inflacionário que deteriorava os salários. O país entrava num período de claro acirramento das tensões sociais. A inflação fora resultado de uma opção político-econômica por determinado processo de industrialização. O déficit público atingiu proporções gigantescas financiando a instalação de indústrias. Mas quem ia pagar o investimento? Os trabalhadores estavam

15

estrangulados pela inflação, não podendo arcar com o ônus do processo por muito tempo mais. A burguesia brasileira e seus parceiros multinacionais não estavam dispostos a ter seus ganhos diminuídos, mesmo que isso significasse a possível falência do Estado.

De um lado, setores conservadores começaram a se reunir. Parte da grande imprensa, especialmente os grandes jornais como *O Globo* do Rio de Janeiro e *O Estado de S. Paulo*, denunciava constantemente as propostas reformistas do presidente, vistas como esquerdização do governo. Junto com ela estavam parte da Igreja, os proprietários de terras e a burguesia industrial. Formavam-se instituições como o Instituto Brasileiro de Ação Democrática (IBAD) e o Instituto de Pesquisas e Estudos Sociais (IPES), organizados com ajuda do grande capital internacional, visando o planejamento de uma ação conjunta contra o governo.

De outro lado, setores progressistas também se reuniam: sindicatos, a Confederação Nacional dos Trabalhadores da Indústria (CNTI), o Pacto Unidade e Ação (PUA), o Comando Geral dos Trabalhadores (CGT), as Ligas Camponesas*, a União Nacional dos Estudantes (UNE), setores da Igreja progressista, todos ligados à ideia de mudança social. O próprio presidente, movido por suas convicções pessoais e pela sua origem partidária, o PTB, engajou-se na proposta de reforma profunda da sociedade brasileira. Acreditava ele ser possível a construção de um capitalismo de base nacional, mais justo, mais humanitário. Os setores conservadores o abandonavam e ele, como Vargas, tentava a aproximação com as esquerdas. Entretanto, o primeiro obstáculo era o parlamentarismo, que impedia uma ação mais eficaz da Presidência.

Presidencialismo*: Goulart tem o comando?

Goulart conseguiu a antecipação do plebiscito para janeiro de 63. O "não" ao parlamentarismo conseguiu quase 10 dos mais de 12 milhões de votos graças à forte campanha popular que apelou para as promessas de reformas. Finalmente, Goulart começaria a governar com plenos poderes. Dispunha-se a realizar, no período que lhe restava, um amplo programa de reforma agrária no país, que pacificasse a situação dos trabalhadores rurais premidos pelos baixos salários e pelo aumento da exploração — vitória aparente dos setores progressistas, especialmente do líder das "Ligas Camponesas", deputado Francisco Julião. Jango propunha também uma reforma educacional, que estenderia a alfabetização a milhões de brasileiros. Viriam, ainda, as reformas bancária, administrativa, fiscal, eleitoral e urbana, que deveriam melhorar as condições de vida dos brasileiros.

Todavia, a primeira ação do presidente foi relativamente modesta: estabeleceu o Plano Trienal de Desenvolvimento. Tal plano alinhou uma série de medidas, mais ou menos clássicas, de combate à inflação, renegociando a dívida externa, permitindo uma entrada maior de capitais estrangeiros como forma de pagar parcelas da dívida externa, controlando as despesas públicas e decretando uma "trégua" na questão salarial. O plano deveria impedir que a inflação, que já ia na casa dos 51% em 62, atingisse em 63 o nível "hiperinflacionário" de 100%, escandaloso para a época. Com as medidas conservadoras, Goulart ganhou a desconfiança das esquerdas, que relembravam constantemente sua situação de grande proprietário de terras. Ao mesmo tempo, numa situação curiosa, a direita desconfiava de seu reformismo "comunista". O governo Goulart representou, assim, uma última tentativa de equilibrar as classes sociais brasileiras. Propunha a reforma para evitar a revolução, ganhando a desconfiança tanto da esquerda quanto da direita. Para a primeira as reformas eram poucas; para a segunda eram demais...

A radicalização à direita e à esquerda inviabilizou o governo. O fracasso do Plano Trienal em deter a inflação provocou uma onda geral de greves, coordenadas pelos grupos de esquerda, que cobravam do presidente uma ação verdadeiramente favorável aos trabalhadores. A direita, conseguindo a adesão da classe média, assustava-se com o crescimento da esquerda, crescimento esse que parecia indício de uma revolução, e exigia a firme defesa de suas propriedades e de seus lucros por parte do presidente, criticando sua "falta de autoridade". Quando Goulart, finalmente, decidiu-se por encaminhar as reformas mesmo sem ter o apoio do Congresso — onde os grupos conservadores da UDN e do PSD ganhavam força —, sobreveio o golpe de força liderado pelos militares.

Segundo a versão conservadora, Goulart tentaria reeditar seu padrinho político, Vargas, criando uma "república sindicalista" no país, onde os grupos de esquerda tomariam o controle. A agitação social no campo, tradicionalmente alheio à política do país, assustou as elites proprietárias. O surgimento de reivindicações populares dentro dos setores mais baixos das Forças Armadas, como o movimento dos sargentos em Brasília ou o movimento dos marinheiros no Rio, foi entendido pelas altas patentes militares como uma quebra da hierarquia militar. Antes que a situação fugisse do controle das elites, elas preferiram uma solução antidemocrática, de força. Para tanto a burguesia lançou mão do aparato militar, aproveitando um certo nível de coesão conseguido com a repulsa a Jango, derrubando-o do governo em 1964.

A esperada reação da esquerda ao movimento golpista simplesmente não veio. Os grupos de esquerda superestimaram sua força, não conseguindo fazer frente aos conservadores. Goulart se refugiou no Rio Grande do Sul, onde Brizola lhe prometia um aparato militar de defesa. Jango, contudo, novamente não aceitou a hipótese de guerra civil para manter-se no governo, preferindo o exílio no Uruguai, esvaziando a reação legalista.

O governo de Goulart revelou os limites do reformismo. Numa época em que as contradições sociais chegaram à situação de tensão pré-revolucionária, Goulart insistiu num programa de reformas de base que não atendiam completamente aos anseios populares e desagradavam profundamente os setores conservadores, questionando a capacidade do populismo de continuar mantendo a estabilidade política e a acumulação de capitais no país, essenciais para a burguesia.

Brasil ou "Brazil"?

As transformações na ordem política, econômica e social vieram acompanhadas de toda sorte de alterações no estilo de vida do brasileiro. A internacionalização da economia trouxe, até certo ponto, uma internacionalização de nossos hábitos e padrões de consumo. Essa mudança foi sentida, especialmente, nos grandes centros urbanos. A juventude de classe média se deliciava com os volteios do *rock* de Elvis Presley ou com o visual de James Dean. O *jeans*, a goma de mascar, o topete e as lambretas tornaram-se parte da cultura da juventude urbana. Seus pais, de outra parte, passaram a sonhar com os carros nacionais — Gordini, Aero-Willys, DKW, Fusca —, os eletrodomésticos — especialmente a televisão — e toda uma gama de novos produtos fabricados pelas companhias multinacionais — até a famosa calça de *nycron*, que "jamais perde o vinco".

Uma parte dessa transformação pode ser creditada à propaganda maciça, que substituiu os antigos reclames das rádios e jornais por elaborados anúncios que vendiam não apenas o produto, mas todo um novo modo de vida, sempre ressaltando o novo, o moderno, o tecnológico.

O rádio iniciou sua lenta decadência como veículo formador de opinião pública, trocado pelo "ver para crer" da televisão.

A invasão estrangeira gerou diferentes reações culturais, que variaram desde o comportamento imitativo — ou os conjuntos de iê-iê-iê, a versão brasileira do rock — até a tentativa de produção de uma cultura que barrasse e denunciasse o problema — caso das produções culturais do Centro Popular de Cultura, CPC da UNE, que usava a arte como instrumento político visando a mobilização popular — ou ainda a fusão dos elementos estrangeiro e nacional — a bossa nova ou o cinema novo*.

A bossa nova renovou consideravelmente os padrões musicais brasileiros, misturando a tradicional música popular brasileira com elementos do *jazz* americano. Com tais processos de criação podemos entender a fácil aceitação da bossa nova na música internacional. O cinema novo, com marcante influência do cinema europeu, tentou substituir a temática carnavalesca das chanchadas brasileiras por um maior engajamento das artes cinematográficas na discussão dos problemas nacionais, com filmes de temática polêmica. A aceitação dessa nova maneira de se fazer cinema no país foi maior nos círculos da crítica especializada nacional e internacional — especialmente europeia — do que junto ao grande público, afogado nas superproduções de Hollywood ou resistindo com as relativamente ingênuas chanchadas da Atlântida.

O futebol ganhou projeção internacional com o bicampeonato brasileiro nas copas de 58 e 62 (Suécia e Chile), construindo novos mitos nacionais como Pelé e Garrincha, que ajudaram a população a esquecer momentaneamente as profundas crises políticas e econômicas, características do final do período.

A nova ordem instituída com o golpe militar de 1964, que deu continuidade ao processo de abertura do Brasil ao capital estrangeiro, não pôde permitir, evidentemente, a continuidade da produção de uma cultura politizada, passando a perseguir sistematicamente os responsáveis por tais empreendimentos. O resultado foi a atenuação da resistência da cultura puramente nacional e a construção de uma nova cultura urbana de massas, dominada por alguns poucos órgãos de comunicação, notadamente as grandes empresas de televisão, que passaram a ditar os novos padrões de consumo e de vida para o país, de acordo com as necessidades das grandes indústrias. A cultura "televisiva" de então trouxe uma grande carga de alienação, necessária aos grupos que compunham a elite econômica nacional para manter a dominação e as estruturas vigentes.

Os "anos dourados" do país, como ultimamente se tem chamado o período enfocado, terminaram, assim, com um gosto relativamente amargo, mostrando que a luta pela transformação da estrutura social do país é mais complicada do que parecia a princípio.

PARTE II

Documentos e depoimentos

CAPÍTULO 1

Governo Café Filho

A utilização de documentos é de fundamental importância para o conhecimento histórico. Temos nessa parte uma série de registros, de variadas origens, que nos permitirão aprofundar alguns tópicos discutidos no texto inicial.

Nosso primeiro documento é a carta-testamento de Getúlio Vargas (24/08/1954), onde ele deixou explicações para seu suicídio. Pelo tom utilizado na carta, temos a nítida impressão de que se destinava a "incendiar" politicamente o país, impedindo o golpe tramado pela UDN.

1) *Mais uma vez, as forças e os interesses contra o povo coordenaram-se e novamente se desencadeiam sobre mim. Não me acusam, insultam; não me combatem, caluniam, e não me dão o direito de defesa. Precisam sufocar a minha voz e impedir a minha ação, para que eu não continue a defender, como sempre defendi, o povo e principalmente os humildes. [...] Voltei ao governo nos braços do povo. A campanha subterrânea dos grupos internacionais aliou-se à dos grupos nacionais revoltados contra o regime de garantia do trabalho. A lei dos lucros extraordinários foi detida no Congresso. Contra a justiça da revisão do salário mínimo se desencadearam os ódios.[...]*
    Assumi o Governo dentro da espiral inflacionária que destruía os valores de trabalho. Os lucros das em-

presas estrangeiras alcançavam até 500% ao ano. Nas declarações de valores do que importávamos existiam fraudes de mais de 100 milhões de dólares por ano. [...] Tenho lutado mês a mês, dia a dia, hora a hora, resistindo a uma pressão constante, incessante, tudo suportando em silêncio, tudo esquecendo, renunciando a mim mesmo, para defender o povo, que agora se queda desamparado. Nada mais vos posso dar, a não ser meu sangue. Se as aves de rapina querem o sangue de alguém, querem continuar sugando o povo brasileiro, eu ofereço em holocausto a minha vida. [...] Era escravo do povo e hoje me liberto para a vida eterna. Mas esse povo de quem fui escravo não mais será escravo de ninguém. Meu sacrifício ficará para sempre em sua alma e meu sangue será o preço do seu resgate.
Lutei contra a espoliação do Brasil. Lutei contra a espoliação do povo. Tenho lutado de peito aberto. O ódio, as infâmias, a calúnia não abateram meu ânimo. Eu vos dei a minha vida. Agora vos ofereço a minha morte. Nada receio. Serenamente dou o primeiro passo no caminho da eternidade e saio da vida para entrar na História.
Getúlio Vargas.

(Apud Edgard Carone, A Quarta República (1945-1964), p. 58-9.)

Carlos Lacerda, um dos principais líderes da oposição udenista, explica em um depoimento o motivo de a UDN ter tentado adiar as eleições presidenciais de 1955.

2) *[...] O Café Filho assumiu o governo imediatamente, mas largou as rádios de lado. E as rádios quase todas ainda nas mãos do pessoal do Getúlio, por sensacionalismo ou não, de dez em dez minutos se referiam à carta-testamento, à chamada carta-testamento, a tal carta feita pelo Maciel: ... "Lego ao povo o meu sacrifí-*

cio. Forças estranhas, Brasil, etc...''. Um texto bastante agitador, em cima de um acontecimento que perturbou todo o mundo. E aquilo era acompanhado com música de fundo, músicas tristes, marchas fúnebres, etc., e lido com a maior ênfase de dez em dez minutos.

[...] E, de fato, o povo começou a sair para a rua, aquela agitação toda. O cadáver de Getúlio exposto, visitado por milhares de pessoas que choravam, pessoas que desfaleciam, que tinham ataques e chiliques. O discurso de Osvaldo Aranha aos prantos e tal. E o Café Filho querendo dar uma de juiz.

Foi aí que eu comecei a defender a tese que me valeu o título de golpista e até de fascista. Comecei a defender a tese de que a eleição de outubro de 55 — a sucessão de Café Filho — não poderia ser realizada com a lei eleitoral em vigor, toda cheia de defeitos, como esse do vice-presidente poder ser adversário do presidente eleito. Eu dizia que era necessário não só uma reforma eleitoral, mas uma reforma profunda no país, e que essas reformas, além de necessárias, ainda teriam vantagem de dar um tempo para desintoxicar o Brasil, que vinha de vários anos de ditadura, de vários anos de demagogia, de vários anos de propaganda pessoal de um mito. Convocar eleições para o ano seguinte, só porque estavam marcadas, era na minha opinião um erro gravíssimo, que consistia em levar um povo traumatizado por um drama daquela ordem a tomar uma decisão que não tomaria num tempo normal.

[...] Os amigos de Vargas, vamos dizer claramente, toda aquela curriola que tinha dominado o país por tantos anos, viram no cadáver a grande chance de continuar o seu domínio. E o Café Filho imperturbável, governando o país que, na opinião dele, estava completamente pacífico e tranquilo! [...]''

(Carlos Lacerda, *Depoimento*, p. 173-6.)

Capítulo 2

Governo
Juscelino Kubitschek

Lacerda explica a campanha presidencial de 1955 e os principais partidos políticos da década de 1950.

3) *[...] A UDN era notadamente um partido representativo da classe média, o que não quer dizer que lá não houvesse empresário ou operário, mas era predominantemente o partido da classe média, partido que se batia pela moralização dos costumes políticos e que era uma projeção, no tempo, do que fora o Tenentismo das antigas revoluções. Um partido, enfim, "ruibarbosiano", no que tudo isso quer dizer de retórica, de eloquência, de ideologia liberal.*

O Getúlio tinha preparado as duas pontas da tenaz: a ponta operária, aparentemente reformista, na realidade demagógica, mas muito eficaz, que era o PTB, com a máquina sindical na mão e com a "consolidação das leis trabalhistas", que em alguns artigos era a cópia da Carta del Lavoro do Mussolini. Portanto, um partido de origem fascista-trabalhista e não anglo-trabalhista. E, do outro lado, o PSD, partido, como disse, tradicionalista, conservador, oligárquico, dominando municípios, dominando o interior; partido de fazendeiros, de grandes industriais, etc...

Juscelino conseguiu juntar as duas pontas novamen-

te, impondo-se ao PSD e aliando-se ao PTB, dando a Vice-Presidência ao Jango Goulart. Mas não só a Vice-Presidência: dando-lhe também o Ministério do Trabalho, todos os institutos e alguns postos-chaves da máquina trabalhista, montada no tempo do Getúlio. E contra tudo isso, o Juarez [Távora], um idealista que se considerava democrata cristão e que era a favor de uma reforma democrata cristã no país. Ele não era da UDN, nunca foi de nenhum partido, mas nessa ocasião teve que se filiar a algum, e se não me engano escolheu o PDC, Partido Democrata Cristão, que não tinha força nenhuma e estava surgindo em São Paulo. [...]

(Idem, ibidem, p. 181.)

A UDN ia para onde Lacerda apontava. Charge de Claudius. (*Jornal* Brasil Urgente, n.º 8, 5/5/63.)

A UDN tentou impedir a posse dos eleitos em 1955, Juscelino e Jango, fazendo campanha pública contra a validade das eleições. O jornal *O Estado de S. Paulo* era um dos principais focos da imprensa conservadora brasileira, que se assustava com a possibilidade de o novo governo ter influência dos comunistas.

4) *Tomando por base o comparecimento do eleitorado no último pleito e o número de sufrágios até agora obtidos pelos srs. Juscelino e Jango, veremos que os dois pretendentes terão, no máximo, 33% dos votos depositados nas urnas do dia 3, em todo o País. Veremos, assim, que 67% dos eleitores votaram contra aqueles candidatos. E veremos, ainda, que é exagerada a maliciosa afirmação de que Jango e Juscelino foram escolhidos pela "maioria do povo brasileiro".*

Há, no entanto, outra circunstância que compromete seriamente a situação eleitoral dos dois candidatos — e é que eles só atingiram aquela porcentagem porque receberam os votos proclamados, ostensivos, negociados do Partido Comunista. Se este partido não estivesse na ilegalidade e pudesse votar em candidato próprio, evidentemente o Jango e o Juscelino ficariam nos 30% — sem nenhuma margem, portanto, sobre a votação obtida pelo general Juarez Távora. Um raciocínio lógico, direto, simples nos leva, pois, a essa indiscutível conclusão: se Jango votou no dia 3, poderemos afirmar que os futuros presidente e vice-presidente do Brasil devem a sua vitória ao Partido Comunista. [...]

Sem dúvida nenhuma o Estado-Maior das Forças Armadas tem, nesse sentido, a melhor documentação, uma vez que aos militares de terra, mar e ar incumbe a defesa das instituições e da estabilidade social no Brasil. Parece-nos que o referido Estado-Maior considera o Partido Comunista uma organização perigosa e subversiva ligada ao movimento internacional revolucionário dirigido pela União Soviética. [...]

(Rafael Corrêa de Oliveira)

Informação — Se os números do "Correio da Ma-

nhã", da "Imprensa Popular" e do "Diário Carioca" estão exatos, poderemos, desde já, prever que nos resultados finais do pleito o Jango e o Juscelino terão sobre a chapa Juarez-Milton uma diferença para mais de apenas 200.000 sufrágios.
Ora, haverá neste País quem negue ao Partido Comunista um eleitorado de 350.000 votos? Logo se vê que sem o concurso desse eleitorado, isto é, de um partido ilegal que não pode ter candidato, o Jango e o Juscelino não chegariam aos 33% dos resultados finais no pleito presidencial. É diante desta situação que se encontram os herdeiros da ditadura sempre prontos a reclamar o cumprimento da Constituição e das leis ordinárias — R.
(O Estado de S.Paulo, 11-10-1955)

(Apud Edgard Carone, A Quarta República — 1945-1964, p. 74-6.)

JK: o malabarista que conduzia várias propostas importantes ao mesmo tempo. (Charge de Hilde. In Hilde Weber, O Brasil em charges 1950-1985, p. 24.)

O compositor Juca Chaves, um dos grandes autores de sátiras políticas, tinha como um de seus pratos prediletos a atuação do presidente Juscelino Kubitschek, tido por parte da oposição como um irresponsável, um *playboy* despreocupado.

Presidente bossa-nova *(composição de 58/60)*

5) *Bossa nova mesmo é ser presidente / Desta terra descoberta por Cabral / Para tanto basta ser tão simplesmente / Simpático, risonho, original.*

Depois, desfrutar da maravilha / De ser o Presidente do Brasil / Voar da "velhacap" [Rio de Janeiro] prá Brasília / Ver a alvorada e voar de volta ao Rio.

Voar, voar, voar / Voar, voar prá bem distante / Até Versalhes, onde duas mineirinhas / Valsinhas, dançam como debutantes / Interessante.

Mandar parente a jato pro dentista / Almoçar com o tenista campeão / Também poder ser um bom artista / Exclusivista / Tomando, com Dilermando, umas aulinhas de violão.

Isso, é viver como se aprova / É ser um presidente bossa-nova / Bossa-nova / Muito nova / Nova mesmo / Ultranova

(Juca Chaves, do disco *As músicas proibidas de Juca Chaves*.)

Pedro Aleixo, deputado mineiro, pela UDN, era um dos maiores adversários políticos de JK. Este foi um de seus discursos, proferido na Câmara dos Deputados em 17/02/1960, contra a principal obra de seu adversário, ainda durante a construção de Brasília.

6) [...] O *arrojo do empreendimento da nova Capital impõe-me outra ordem de reflexões. Falta mesmo um edifício em Brasília, imenso e tecnicamente adequado, para nele serem recolhidos e sujeitos a tratamento espe-*

cial, se assim o entenderem psiquiatras contemporâneos, os gênios que conceberam e executaram a edificante obra. Sr. Presidente, eu vi Brasília. As críticas que eu pudesse enunciar nunca atingiriam o mérito do problema da mudança da Capital da República, pois sempre considerei que um dia o Brasil teria que se concentrar, para poder expandir-se, teria que se centralizar, para melhor unificar-se. No entanto, diante do arrojo, diante do fausto, diante do esplendor das obras materiais, eu poderia, tomando minha formação como critério e medida de juízo, articular uma crise de impugnações, não está em mim aplaudir que se gaste meio bilhão de cruzeiros para erguer no cerrado dos Gerais, no meio do planalto deserto, um palácio que vi, com olhos deslumbrados, como se estivesse vendo ser construído um trecho de Versalhes, ao influxo da vontade sem limites do Rei Sol. [...]

(Pedro Aleixo, *Discursos parlamentares*, p. 245-6.)

Quem é que paga a conta? JK e a construção de Brasília vistos por Hilde em 1960. (Weber Hilde, op. cit., p. 29.)

Brasília foi a obra mais polêmica de Juscelino. A oposição via na sua construção um símbolo do desperdício de dinheiro público, enquanto os seguidores de JK ressaltavam a imensa capacidade realizadora do presidente. No texto que se segue, parte de "Brasília — Sinfonia da Alvorada" (composta em 1960), temos uma ideia aproximada do que representava a construção em termos do gigantismo e da mobilização da população brasileira, eufórica com o crescimento econômico e com a modernização rápida do país.

7) **III — A chegada dos candangos**
[...] — Boa Viagem! Boca do Acre! Água Branca! Vargem Alta! Amargosa! Xique-xique! Cruz das Almas! Areia Branca! Limoeiro! Afogados! Moreno! Angelim! Tamboril! Palmares! Taperoá! Triunfo! Aurora! Campanário! Águas Belas! Passagem Franca! Bom Conselho! Brumado! Pedra Azul! Diamantina! Capelinha! Capão Bonito! Campinas! Canoinhas! Porto Belo! Passo Fundo!

— *Cruz Alta...*

— *Que foram chegando de todos os lados da imensa pátria...*

— *Para construir uma cidade branca e pura...*

— *Uma cidade de homens felizes...*

IV — O trabalho e a construção
— *Foi necessário muito mais do que engenho, tenacidade e invenção. Foi necessário 1 milhão de metros cúbicos de concreto, e foram necessárias 100 000 toneladas de ferro redondo e foram necessários milhares e milhares de sacos de cimento e 500 000 metros cúbicos de areia e 2 000 quilômetros de fios.*

— *E um milhão de metros cúbicos de brita foi necessário e 400 quilômetros de laminados e toneladas e toneladas de madeira foram necessários. E 60 000 ope-*

rários! Foram necessários 60 000 trabalhadores vindos de todos os cantos da imensa pátria, sobretudo do Norte! 60 000 candangos foram necessários para desbastar, cavar, estaquear, cortar, serrar, pregar, soldar, empurrar, cimentar, aplainar, polir, erguer as brancas empenas...
— Ah, as empenas brancas!
— Como penas brancas...
— Ah, as grandes estruturas!
— Tão leves, tão puras...

Como se tivessem sido depositadas de manso por mãos de anjo na terra vermelho-pungente do planalto, em meio à música inflexível, à música lancinante, à música matemática do trabalho humano em progressão... O trabalho humano que anuncia que a sorte está lançada e a ação é irreversível.

(Antônio Carlos Jobim & Vinícius de Morais, *Brasília* — Sinfonia da Alvorada, disco e encarte.)

A compra do porta-aviões Minas Gerais pelo presidente JK foi outra de suas polêmicas realizações. O resultado foi um atrito entre a Marinha e a Aeronáutica, uma vez que a criação da aviação naval implicava enfraquecimento da outra arma. Temos aqui a visão do líder da UDN, Carlos Lacerda, sobre o episódio. O documento seguinte é uma música de Juca Chaves satirizando o episódio. A composição foi considerada ofensiva às Forças Armadas e proibida.

8) *[...] A compra desse porta-aviões, na ocasião, foi considerada um dos escândalos do governo do Juscelino. Confesso que não tive, na época, condições de investigar isso e muito menos hoje. Não sei se foi escândalo do ponto de vista financeiro ou não. Houve quem dissesse que políticos juscelinistas ganharam muito dinheiro à*

custa disso. O fato é que, se não me engano, o governo inglês nos vendeu de segunda mão um porta-aviões que na única vez que saiu da barra voltou porque não tinha condições de navegar; um porta-aviões cuja manutenção custava por mês quase o orçamento da Marinha. Aí começaram a criar uma aviação naval, uma base aeronaval em São Pedro d'Aldeia, e estabeleceu-se um choque entre Marinha e Aeronáutica. [...]

(Carlos Lacerda, op. cit, p. 226.)

Juscelino encontra o secretário de Estado dos EUA, Dulles: "Me dá um dinheiro aí". *(Jornal do Brasil, 6/8/1958.)*

9) Brasil já vai à guerra (composição de 60/62)
  Brasil já vai à guerra / Comprou um porta-aviões / Um viva prá Inglaterra / de oitenta e dois bilhões / Ah! Mas que ladrões.
  Comenta o "Zé Povinho" / Governo varonil / Coitado, coitadinho / Do Banco do Brasil / Ha, ha! Quase faliu!
  A classe proletária / Na certa comeria / Com a verba gasta diária / Em tal quinquilharia / Sem serventia.

Alguns bons idiotas / aplaudem a medida / E o povo sem comida / Escuta as tais lorotas / Dos patriotas.
Porém há uma peninha / De quem é o porta-avião / É meu, diz a Marinha / É meu, diz a Aviação / Ah! Revolução.
Brasil, terra adorada / Comprou um porta-aviões / Oitenta e dois bilhões / Brasil, ó pátria amada / Que palhaçada!

(Juca Chaves, do disco *As músicas proibidas de Juca Chaves*.)

CAPÍTULO 3

Governo Jânio Quadros

Jânio Quadros e sua assessoria deram várias demonstrações de habilidade política. Acusado de ter ligações com o capital estrangeiro, Jânio foi aconselhado por Paulo de Tarso, depois prefeito de Brasília, a posar de esquerdista, viajando até Cuba, no momento em que a revolução cubana ganhava tons nitidamente marxistas, devido ao isolamento imposto pelos EUA.

10) *[...] Durante a campanha de Jânio Quadros à Presidência da República voltei a ter inúmeros contatos políticos com Carlos Lacerda. Por sinal, Lacerda desconfiava muito do Jânio. Para ele, Jânio era um mal que a UDN ia ter de suportar. Dizia-se na época, aliás, que o Jânio era a UDN desinibida, "de porre". O Jânio, àquela altura da campanha, estava sendo acusado de ser entreguista, um homem ligado a grupos multinacionais. A acusação vinha de pessoas ligadas ao general Lott. Eu sabia que aquilo não era verdade, pois acompanhava Jânio de perto na sua campanha. Ao mesmo tempo, dizia-se que Jânio, por já ter antes renunciado à sua candidatura, não tinha equilíbrio emocional para manter-se candidato. Diante destas duas dificuldades, veio-me a ideia de sugerir uma viagem a Cuba. Eu dizia: "Vamos criar um fato político que demonstre a independência de Jânio em relação aos Estados Unidos e*

desvie a atenção da renúncia à candidatura". Fui, portanto, um dos articuladores da ida de Jânio a Cuba. [...]

(Paulo de Tarso Santos, *64 e outros anos*, p. 32.)

Jânio dá instruções a seu candidato a vice: "Dr. Milton, o sr. tem que adaptar-se ao nosso estilo de campanha. No primeiro comício quero vê-lo dando murros na mesa e com a barba grande, enquanto providencio umas caspas para o seu casaco". Charge de Nássara. (In Cássio Loredano, *Nássara; desenhista*, p. 50.)

A condecoração ao revolucionário cubano Ernesto Che Guevara foi um dos episódios nebulosos do governo de Jânio. Os conservadores desconfiavam que o presidente se aproximava das esquerdas. Paulo de Tarso Santos, prefeito de Brasília em 1961, esclarece o episódio.

11) *[...] A condecoração foi [...] um ato artificial porque não era uma adesão política do Jânio ao Guevara.*

O Governo todo, aliás, ficou horrorizado com ela. Ninguém queria dar o almoço protocolar, nem os ministros, nem o próprio Palácio do Planalto. O chefe do Protocolo do Itamaraty me visitou, contou o que estava acontecendo, e me perguntou se, como prefeito de Brasília, eu me dispunha a oferecer o almoço a Guevara. Concordei. A cerimônia de condecoração, imagine, ocorreu às 6 horas da manhã. Depois, o Guevara foi deixado às moscas. Após o almoço, eu sobrevoei Brasília, de helicóptero, com ele. Mostrei, do alto, a cidade, tendo na mão um mapa, que depois ofereci a ele, com uma dedicatória. Quando nós aterrissamos, de volta, no aeroporto, não havia nos esperando um único ministro de Estado, uma única figura oficial, sequer havia um único soldado. [...]

(Paulo de Tarso Santos, op. cit., p. 34-5.)

Jango, Jânio e Juscelino. (Jornal do Brasil, 1/2/61.)

Carlos Lacerda, líder udenista que sempre resistiu à candidatura de Jânio pelo seu partido em 1960, foi um dos envolvidos na queda do presidente, denunciando publicamente um possível golpe que Jânio estaria tramando contra o Congresso e as instituições democráticas em 1961.

12) *[...] De maneira que o Jânio começou mal. A impressão que me deu no primeiro momento do governo foi a de um homem que tinha sido eleito, que tinha feito tudo para ser presidente da República e que uma vez eleito pergunta: "Bem, agora o que se faz quando se é presidente da República?" Até que comecei a perceber que ele realmente não sabia governar em regime democrático.*

[...] fomos para o Palácio das Laranjeiras, e lá ele mandou buscar um aperitivo qualquer e começou uma conversa que me pareceu extremamente estranha.

A conversa começou mais ou menos assim: "Carlos, você está conseguindo governar a Guanabara?" Eu disse: "Bem, comecei outro dia e ainda estou fazendo a Constituição". Ele disse: "Pergunto se você consegue fazer alguma coisa com esta Assembleia". "Bem, Jânio, realmente me parece que vai ser muito difícil, porque é uma gente muito despreparada para a função pública, e na sua maioria muito localista — menos do que provinciano —, sem uma visão geral, sem preparação para fazer uma Constituição. E, com algumas exceções, não têm a menor ideia do que seja fazer uma Constituição. Pensam que fazer uma Constituição é colocar: a classe 'J' de professoras passa dois pontos adiante, e cobram preços pelo seu voto. É realmente uma coisa difícil, mas a gente vai levando! Mas o fato de se ter um mandato popular, o fato de se poder dirigir ao povo, e o medo que eles têm de uma denúncia ao povo dessas coisas, contém um pouco essas sofreguidões."

Aí ele virou-se para mim e disse: "Porque o Magalhães Pinto não consegue governar Minas, nem o Juraci [Magalhães] a Bahia, nem o Aluísio [Alves] o Rio Grande do Norte". E assim foi desfiando os governadores simpáticos a ele, e que tinham sido eleitos, por assim dizer, junto com ele, e mais alguns. E disse:

"*Eu tenho a impressão que vai ser muito difícil governar o Brasil com este Congresso!*" *Naquela altura, pensei que ele estivesse se referindo a este Congresso, isto é, àquele Congresso, àqueles deputados e àqueles senadores. Não me passou pela cabeça que ele estivesse se referindo à instituição Congresso, e sim à composição daquele Congresso. Eu disse: "Bem, Jânio, mas o apoio popular que você tem e o apoio do Exército!*" — *apoio cuja garantia eu fui levar-lhe quando estava em Portugal. [...]*

(Carlos Lacerda, op. cit., p. 285-6.)

A REPÚBLICA BOSSA-NOVA
A democracia populista (1954 a 1964)

José Dantas Filho
Francisco Doratioto

UMA PROPOSTA DE TRABALHO

Nome: _____

Escola: _____ **Grau:** _____ **Ano:** _____

PARTE II
DOCUMENTOS E DEPOIMENTOS

1. Tente identificar na carta-testamento de Vargas, documento 1, os motivos políticos que o levaram ao suicídio.

_____

_____

_____

_____

_____

_____

2. Qual a justitificativa de Lacerda para o adiamento das eleições de 1955? Veja o documento nº 2.

_____

_____

_____

_____

3. Caracterize os principais partidos políticos do período 1954-1964 do ponto de vista de suas origens e dos grupos que representavam.

_____

7. Trabalhe a música *Brasil já vai à guerra*, documento 9, de Juca Chaves. Você consegue identificar por que ela foi proibida?

_____

8. Analise os documentos 10 e 11. Diante deles, como você entende a afirmação de que Jânio estava se aproximando das esquerdas internacionais?

_____

9. Trabalhe sobre os textos que se referem à renúncia de Jânio Quadros, documentos 12 até 15. Identifique os elementos que nos levam a acreditar que Jânio planejava um golpe contra as instituições democráticas.

_____

10. Vamos trabalhar com a figura da página 47. Essa foto se tornou famosa por retratar, de certa maneira, um pouco da personalidade de Jânio e de seu governo. Você consegue saber por quê?

11. Você consegue analisar por que os ministros militares não queriam a posse do vice-presidente Goulart em 1961? Compare o documento 16 com as posições da UDN contrárias à posse de Goulart em 1956. Você vê as semelhanças?

4. Analise o documento 4 onde a UDN justifica a necessidade de se evitar a posse de Juscelino e João Goulart. Qual o principal argumento?

5. A música *Presidente bossa-nova*, documento 5, contém algumas críticas ao comportamento de Juscelino. Identifique-as.

6. Vamos trabalhar com a construção de Brasília, documentos 6 e 7 e a figura da página 33. Tente identificar as posições de seus autores perante a obra de Juscelino.

17. Analise os documentos 27 e 28. Aparentemente os dois grupos concordam sobre a necessidade de reformas. Quais as diferenças?

18. Leia e analise os textos que se referem à questão da reforma agrária, documentos 29 e 30. Por que os proprietários não admitiam a reforma agrária proposta por Goulart? Por que Francisco Julião também não concordou com a proposta presidencial? Diante dos dois grupos, qual era a posição de Goulart?

12. Analise os documentos 17 e 18. Como é encarada a questão da instalação do parlamentarismo em um e em outro?

_____
_____
_____
_____
_____
_____
_____
_____
_____

13. Os documentos 19 e 20 discutem com bom humor a crise econômica e as posições da esquerda e da direita. Identifique essas posições e a atuação dos dois grupos e do governo.

_____
_____
_____
_____
_____
_____
_____
_____
_____

14. Trabalhe com o documento 21 e identifique a pressão feita pelo governo Goulart no sentido de retorno do presidencialismo.

_____
_____
_____
_____

15. Trabalhe os textos sobre as posições da esquerda perante o governo Goulart, no item 'Goulart e as esquerdas', p. 56. Você concorda com a afirmação de que Goulart era um perigoso agente revolucionário?

16. Analise o documento 25 e discuta o problema da grande imprensa e da comunicação de massa nos dias de hoje.

19. Vamos trabalhar com a foto da página 36. Essa também foi uma foto famosa, que foi divulgada com o nome de "Me dá um dinheiro aí", chegando a provocar uma crise no governo. Conhecendo a atuação econômica do governo de Juscelino, por que a foto ganhou esse nome?

20. Vamos trabalhar com o documento 32. Compare as falas das personagens — lembrando que o texto é de 1963 — com o que você conhece atualmente sobre os grupos sociais citados. Quais as semelhanças e diferenças entre as falas e práticas do passado e do presente?

CAPÍTULO 4

O período parlamentarista

J ânio, ao deixar o governo em 25 de agosto de 1961, quando se comemorava o aniversário do suicídio de Vargas, deixou uma carta na qual explicava sua renúncia. Ela foi enviada para ser lida em sessão do Congresso, que terminou aceitando seu conteúdo.

13) *Fui vencido pela reação e assim deixo o governo. Nestes sete meses, cumpri o meu dever. Tenho-o cumprido, dia e noite, trabalhando infatigavelmente sem prevenções nem rancores. Mas baldaram-se os meus esforços para conduzir esta Nação pelo caminho de sua verdadeira libertação política e econômica, o único que possibilitaria o progresso efetivo e a justiça social, a que tem direito o seu generoso povo. Desejei um Brasil para os brasileiros, apontando, nesse sonho, a corrupção, a mentira e a covardia, que subordinam os interesses gerais aos apetites e às ambições de grupos individuais inclusive do Exterior.*

Sinto-me, porém, esmagado. Forças terríveis levantam-se contra mim e me intrigam ou infamam, até com a desculpa da colaboração. Se permanecesse não manteria a confiança e a tranquilidade ora quebrada e indispensáveis ao exercício da minha autoridade.

Creio, mesmo, que não manteria a própria paz pública. Encerro, assim, com o pensamento voltado para a nossa gente, para os estudantes e para os operários, para a grande família do País, esta página da minha vida e da vida nacional. A mim, não falta a coragem da renúncia.

Saio com um agradecimento e um apelo. O agradecimento é aos companheiros que, comigo, lutaram e me sustentaram, dentro e fora do governo, e de forma especial às Forças Armadas, cuja conduta exemplar, em todos os instantes, proclamo nesta oportunidade.

O apelo é no sentido da ordem, do congraçamento, do respeito e da estima de cada um dos meus patrícios para todos; de todos para cada um.

Somente assim seremos dignos deste país e do Mundo. Somente assim seremos dignos da nossa herança e da nossa predestinação cristã. Retorno, agora, ao meu trabalho de advogado e professor.

Trabalhemos, todos. Há muitas formas de servir à nossa Pátria.

Brasília, 25 de agosto de 1961 (a) J. Quadros.

(Apud Edgard Carone, op. cit., p. 181-2.)

O líder do PTB, deputado Almino Affonso, discursou na Câmara em 25/08/1961, quando estava em exame a carta de renúncia do presidente Jânio. Seu partido fazia oposição a Jânio no Congresso Nacional.

14) *[...] Devo dizer, sr. presidente, que nunca perfilhei a opinião do deputado Fernando Santana quanto à análise da crise atual. Nem aceito a semelhança que ele aponta com o 24 de agosto que nos levou o grande presidente Getúlio Vargas. Até mesmo porque, naqueles dias, a agitação militar estava nas ruas e a inquietação social era indiscutível. Ninguém podia deixar de entrever, por mais otimista que fosse, o quanto havia de sombrio nos horizontes do país naqueles dias de agosto de 1954. Hoje, porém, nenhuma agitação social e política se veri-*

fica, a não ser esta de crista de remanso, ligeiramente arrepiado por uma rajada de vento mais forte, que foi o pronunciamento do sr. Carlos Lacerda. Nenhuma manifestação militar... antes, bem ao contrário — repito uma vez mais — é o próprio presidente da República quem se apressa em reconhecer que as Forças Armadas se mantêm unidas no respeito à ordem constitucional. Que semelhança há entre essas duas realidades? Nem se pode dizer que o sr. Jânio Quadros se incompatibilizou com os grupos econômicos internacionais. Porque, na verdade, o que nos enviou à Câmara Federal, como projeto disciplinador da remessa de lucros, é tão inóquo que em nada pode coibir as sangrias que os lucros dos capitais estrangeiros nos causam. Vários parlamentares têm tido a oportunidade de demonstrar com absoluta segurança o que agora afirmo. As outras teses, como a da reforma agrária apenas esboçada, ou projetos de lei como o que define os abusos do poder econômico, que a Comissão de Constituição e Justiça deixou à margem como uma proposição inteiramente ineficaz. Quais foram os importantes pronunciamentos ou as medidas que tenham cavado um fosso entre o poder econômico e o governo, a tal ponto que os empresários se vissem na contingência de derrubar o sr. Jânio Quadros? Não concordo, portanto, com os argumentos do deputado Fernando Santana. Bem ao contrário, reafirmo minhas apreensões pelos dias de amanhã, que a renúncia hoje inicia. [...]

(Almino Affonso, Raízes do golpe, p. 96-7.)

Carlos Lacerda, líder udenista que se opunha a Jânio, também se manifestou sobre o episódio da renúncia. Em agosto de 61, Lacerda era governador do estado da Guanabara e foi um dos responsáveis pela desarticulação do que poderia ter sido um golpe janista. O texto faz referência a vários políticos internacionais que se beneficiaram com estratégias semelhantes à de Jânio.

15) [...] *A renúncia foi uma surpresa para mim porque, entre outras coisas, eu não acreditava nela, porque o Jânio uma vez também me tinha dito [...] que o homem que ele mais admirou na vida, o homem público que mais impressão lhe tinha causado, fora o Nasser [Egito]. Depois falou na estranha influência que o Perón [Argentina] exercia no povo argentino. E depois, era notória a admiração e as relações dele com o Fidel Castro [Cuba]. Reparem que todos três renunciaram e voltaram como ditadores. Na ocasião, até porque ele não falou nos três assuntos ao mesmo tempo, não liguei uma coisa a outra.*

Mas, quando ele entregou a carta de renúncia, eu me lembrei imediatamente disso. Nasser, depois do fracasso da primeira e da segunda guerra com Israel, renunciou e voltou ditador; Perón renunciou e voltou ditador, mais do que antes; Fidel Castro renunciou e voltou ditador. Então, pensei, é a mesma manobra! O que ele quer é provocar pânico no país. E, nessa ocasião, tinha havido um fato que vocês conhecem, mas que é preciso ser lembrado, porque está ligado a tudo isso: uma troca de cartas bastante áspera entre o vice-presidente João Goulart e o presidente Jânio Quadros, cartas que foram divulgadas não sei por qual dos dois, mas que eram bastante duras e mostravam o estado de tensão nas relações entre ambos. Cartas sobre os inquéritos que o Jânio mandou abrir em todos os institutos para apurar a corrupção sindical, os pelegos, etc.

[...] Ele estava convencido de que os ministros militares não dariam posse ao Jango. Então, tocou o Jango para o mais longe possível a fim de dificultar qualquer solução nesse sentido e dar tempo de os ministros militares dizerem: "O senhor não pode renunciar, tem que ficar aí. Quais são os poderes que o senhor quer? Estão aí os poderes que o senhor quer".

Mas os ministros militares não lhe deram esse poder. [...]

[...] E houve na Câmara quem pretendesse que o Congresso recusasse a renúncia; houve vários. [...] Aí o Auro de Moura Andrade deu o golpe no Jânio. Ele, que presidia o Congresso, abriu a carta, leu e disse: "Uma carta de renúncia não é suscetível de votação. A renúncia do presidente da República é um ato de vontade e não depende do Congresso. Está recebida a carta". E com isso consumou a renúncia. Então, a primeira parte do golpe, que seria uma manifestação do Congresso de apreço a ele, falhou graças ao Auro de Moura Andrade. Quando chegou essa notícia, de um lado eu fiquei tranquilo. Pensei: pelo menos ditador pelo Congresso não vai ser. [...]

(Carlos Lacerda, op. cit., p. 310-11.)

Jânio: esquerda ou direita? (100 anos de República, v. 7, p. 28.)

Uma vez reconhecida a vacância do cargo com a renúncia de Jânio, instalou-se uma crise política no país. Os ministros militares, receosos da posição "esquerdista" do vice-presidente, tentaram evitar sua posse, levando a público um manifesto onde explicavam suas desconfianças.

16) *No cumprimento de seu dever constitucional de responsáveis pela manutenção da ordem, da lei e das próprias instituições democráticas, as Forças Armadas do Brasil, através da palavra autorizada de seus ministros, manifestam a s. exa., o sr. presidente da República, como já foi amplamente divulgado, a absoluta inconveniência, na atual situação, do regresso ao País do vice-presidente, sr. João Goulart. [...]*
Já ao tempo em que exercera o cargo de ministro do Trabalho, o sr. João Goulart demonstrara, bem às claras, suas tendências ideológicas, incentivando e mesmo promovendo agitações sucessivas e frequentes nos meios sindicais, com objetivos evidentemente políticos e em prejuízo mesmo dos reais interesses de nossas classes trabalhadoras.
E não menos verdadeira foi a ampla infiltração que, por essa época, se processou no organismo daquele Ministério, até em postos-chaves da sua administração, bem como nas organizações sindicais, de ativos e conhecidos agentes do comunismo internacional, além de incontáveis elementos esquerdistas.
No cargo de vice-presidente, sabido é que usou sempre a sua influência em animar e apoiar, mesmo ostensivamente, manifestações grevistas promovidas por conhecidos agitadores.
E, ainda há pouco, como representante oficial em viagem à URSS e à China Comunista, tornou clara e patente a sua incontida admiração ao regime destes países, exaltando o êxito das comunas populares. [...]
Na Presidência da República, em regime que atri-

bui ampla autoridade e poder pessoal ao chefe de governo, o sr. João Goulart constituir-se-á, sem dúvida alguma, no mais evidente incentivo a todos aqueles que desejam ver o País mergulhado no caos, na anarquia, na luta civil. [...]
Assinam: vice-almirante Silvio Heck, ministro da Marinha; marechal Odilio Denys, ministro da Guerra; e brigadeiro do ar Gabriel Grum Moss, ministro da Aeronáutica.

(Apud Edgard Carone, op. cit., p. 183-4.)

Brizola. *(100 anos de República, v. 7, p. 49.)*

Quando se tornou claro que parte dos militares tentaria impedir a posse de Goulart na Presidência, articulou-se uma reação contra os golpistas, contando com a participação de vários governadores, rádios, entidades estudantis e sindicais. A crise foi resolvida com o estabelecimento de uma emenda parlamentarista que esvaziou o poder do presidente da República, criando o cargo de

49

primeiro-ministro. Herbet de Souza, importante líder estudantil da época, deu seu depoimento sobre a resistência dos setores favoráveis a Goulart.

17) *[...] Aldo [Arantes] e eu, representando a UNE, fomos para Porto Alegre, assim que Brizola montou a Rede da Legalidade, e ficamos ao seu lado, no Palácio Piratini. Foi um momento inesquecível. Havia 100 mil pessoas na praça, defronte da sede do governo. Mais de 70 mil se alistaram para lutar na guerra civil, se necessário. E quando tudo terminou com a instituição do parlamentarismo e a designação de Tancredo para primeiro-ministro, ainda havia gente treinando marcha unida nas ruas da capital gaúcha. Uma experiência emocionante. A liderança de Brizola era indiscutível porque ele dominava a situação tanto no âmbito civil quanto militar. O sucesso da resistência, no entanto, se deveu à adesão em massa da população. [...] Se houvesse outros agentes mobilizadores, como aconteceu no Rio Grande do Sul, o país inteiro se levantaria. Como ocorreu em Goiânia, onde o governador Mauro Borges também liderou um amplo foco de resistência. A diferença é que ele não conseguiu, como Brizola, neutralizar e capitalizar a participação militar. O importante, de qualquer maneira, foi a gigantesca adesão civil. Mesmo que o tal general Machado Lopes decidisse propor que Brizola se rendesse — como chegou a ser cogitado — logo perceberia que sua atitude detonaria uma imediata guerra civil. [...] Pela Rede da Legalidade, transmitida a partir da Rádio Farroupilha, a resistência pró-Jango convocava uma greve geral no país. [...] Em seguida chegaria a notícia do acordo político que instituía o parlamentarismo, contra a vontade de Brizola, cujo objetivo era enfraquecer a posição de Jango por obrigá-lo a dividir o poder com um primeiro-ministro, no caso Tancredo Neves. Este acordo desarticulou todo o esquema armado para a resistência ao golpe. Articulado em Brasília, ele foi transmitido a Porto Alegre já de ma-*

drugada. *Mesmo assim, milhares de pessoas saíram às ruas da capital gaúcha aos berros: "Jango traiu! Jango traiu!" [...] Não deixara de haver o golpe, sufocando sem um tiro toda a euforia cívica de uma multidão disposta a tudo para impedir a derrubada do presidente constitucional. [...]*

(Apud Ricardo Gontijo, *Conversas com Betinho*, p. 66-7.)

A solução parlamentarista: Tancredo Neves e Jango dividem o poder depois da renúncia de Jânio. Charge de Hilde. (Hilde Weber, op. cit., p. 35.)

O compositor Juca Chaves observou criticamente o episódio da crise sucessória de 1961, após a renúncia de Jânio, terminada com a adoção da emenda parlamentarista, uma espécie de "golpe branco" para impedir que Goulart conseguisse plenos poderes.

18) Legalidade
   Constituição, Constituição / Acabou-se, que tormento / Já temos o Parlamento / Falta o Rei, que papelão. Que papelão! Que papelão! / O canhão foi superado / Pois Brizola com Machado / Foi fazer revolução. Revolução, revolução / Foi às armas, o gaúcho / O Lacerda deu repuxo / E o Denys ficou na mão. Ficou na mão! Ficou na mão! / Pois prendia todo mundo / O regime foi pro fundo / Marechal foi prá prisão. Foi prá prisão! Foi prá prisão! / E o Brizola nem deu bola / O Jango botou cartola / E acabou a revolução. E viva a Constituição!

>   (Juca Chaves, do disco *As músicas proibidas de Juca Chaves*.)

A crise econômica e política que atravessou todo o governo parlamentarista é bem retratada nas sátiras de Juca Chaves. Na primeira delas, Juca se refere à mulher de João Goulart, Maria Tereza, pedindo auxílio para a situação do povo. Na segunda, temos o retrato dos debates do período entre o povo, as esquerdas, os setores conservadores e o governo, preocupados com o aumento da inflação e da fome. A enorme alta dos preços questionava o funcionamento da Cofap — Comissão Federal de Abastecimento e Preços. O deputado Francisco Julião, citado em uma das músicas, era o líder das Ligas Camponesas, um dos setores da esquerda que mais preocupavam os conservadores, já que organizavam o trabalhador rural para a luta pela reforma agrária imediata.

19) Dona Maria Tereza *(composta entre 1961/62)*
   Dona Maria Tereza / Diga a seu "Jango" Goulart / Que a vida está uma tristeza / Que a fome está de amargar / Que o povo necessitado / Precisa de um salário novo / Mais baixo pro deputado / Mais alto pro nosso povo.

Dona Maria Tereza / Assim o Brasil vai prá trás / Quem deve falar fala pouco / Lacerda já fala demais / Enquanto o feijão dá sumiço / E o dólar se perde de vista / "O Globo" diz que tudo isso / É culpa de comunista.
Dona Maria Tereza / Diga ao seu "Jango" por que / O povo vê quase tudo / Só o Parlamento não vê.
Dona Maria Tereza / Diga ao seu "Jango" Goulart / Lugar de feijão é na mesa / Lacerda é noutro lugar / Ha! Ha! Ha!

(Juca Chaves, do disco *As músicas proibidas de Juca Chaves*.)

A inflação era o custo pago pelos brasileiros pela modernização de sua indústria. (Charge de Carlos Estevão. In revista O Bom Humor de Homem, *ano I, n.º 12-A, p. 40.)*

20) A situação (composta em 1962)

Política é confusa / Ninguém chega à conclusão / Um lado diz que sim / E o outro diz que não.

Feijão aumenta o preço / Cofap tem razão / Governo diz que sim / E o povo diz que não.

Se continuar assim / Haverá revolução / O povo diz que sim / Governo diz que não.

O parlamentarismo / É útil pra Nação / Governo diz que sim / O povo diz que não.

Sairá vitorioso / Francisco Julião / O povo diz que sim / Lacerda diz que não.

Aqui não há problemas! / Prá que tanta confusão? / O povo passa fome mas / Brasil é campeão.

(Juca Chaves, do disco *As músicas proibidas de Juca Chaves*.)

CAPÍTULO 5

Governo presidencialista de Goulart

Pedro Aleixo, líder da UDN, adversária do governo Goulart, discursou em 15/01/1963 na Câmara denunciando as manobras governistas para garantir a vitória da opção presidencialista no plebiscito de janeiro de 1963. A pergunta básica era sobre a continuidade do sistema parlamentarista, devendo a resposta ser marcada sim ou não.

21) *[...] Mas o importante é que este plebiscito não ia buscar a opinião do eleitorado em relação ao sistema de governo. E ninguém se preocupou em instruir os eleitores sobre a substância do sistema presidencialista ou sobre a essência do sistema parlamentarista.*

[...] Ora, o que se perguntou ao povo foi se ele aprovava a emenda constitucional que instituiu o sistema parlamentarista. Mas a pergunta, redigida por técnico do Tribunal Superior Eleitoral, não foi a pergunta divulgada nos meios populares.

Tenho em mãos alguns prospectos que serviram de roteiro e de base para a propaganda. Neles não se diz que o eleitor deve votar a favor do parlamentarismo ou do presidencialismo. A palavra "Não" serviu para que se fizessem rimas, que o ditongo "ão" facilita, rimas vulgares, segundo as quais se chamava a atenção do povo para pontos que não tinham ligação alguma com a questão que estava sendo respondida. Assim, numa linguagem acessível ao público, se dizia: "No dia da votação, diga não contra o tubarão". "Não" era o voto que deveria ser dado contra Carlos Lacerda, Raimundo Padilha, Juraci Magalhães, contra os Amarais (Neto e Peixoto), contra Pena Botto e "outros do mesmo quilate". O "Não" significava não à miséria, à carestia, à espoliação imperialista, ao assassinato de camponeses, à violação das liberdades democráticas, à cassação de mandatos parlamentares, etc. "Não", em jornais do interior do meu Estado, exprimiu não à desordem; o "Não", em outros Estados, era o combate à seca do Nordeste, ao excesso de sol ou ao excesso de chuvas. "Chega a hora de dizer Não contra a miséria, contra o analfabetismo, contra a falta de terras, contra a usurpação de seu voto. No dia 6 de janeiro, marque Não".

Tudo o "Não" podia significar, exceto, efetivamente o que deveria significar.

[...] Tudo isso se fez, tudo isso se apregoou, numa distorção vergonhosa, à custa sempre dos cofres públicos, dos recursos do tesouro ou de recursos extorquidos a dependentes dos governos.

[...] Não houve estação de rádio do interior, mesmo estação que não fatura mensalmente cinquenta mil cruzeiros, que não houvesse recebido, para a propaganda do "Não", um milhão de cruzeiros, dois milhões de cruzeiros, três milhões de cruzeiros.

Como tudo isso é incontestável, podemos concluir que os eleitores que compareceram às urnas ali não estiveram, em favor do presidencialismo ou contra o parlamentarismo, manifestando seus votos. [...]

(Pedro Aleixo, op. cit., p. 553-5.)

Goulart e as esquerdas

A radicalização de posições aumentava lentamente. As várias facções da esquerda tinham considerável acesso junto ao presidente Goulart, apesar das divergências que apresentavam entre elas e a proposta reformista do presidente.

> **22)** *[...] O presidente [Goulart] tinha uma relação muito direta com o movimento sindical, conquanto a CGT não fosse uma instituição legalizada. Mas era um organismo com o qual o Presidente dialogava. Ao lado disso, havia toda uma deformação do movimento sindical que vinha do Estado Novo, portanto das ligações mais fisiológicas. Era muito crescente o sentimento de politização e muito forte a ideia do voluntarismo político fácil. Havia toda uma influência de que se poderia repetir num país como o Brasil o episódio democrático da Revolução Cubana. Mas Cuba era uma ilha, tinha em relação ao Brasil uma população reduzida, com interesses muito limitados. A ideia de que seria possível uma solução de foco revolucionário, um movimento de tipo cubano, correu muito naquela época. Isso em vez de se defender a estruturação de partidos políticos que viriam a ser partidos de massas, para organizar os movimentos reivindicatórios e estabelecer uma relação democrática de disputa de poder e ganhar nessa disputa fatias da riqueza nacional e dos benefícios do progresso. De modo que tudo isso perturbou a formação de um projeto articulado. [...] Havia algumas áreas políticas que gostariam que o Jango adotasse um projeto revolucionário mais ou menos radical. Ele não era isso, nunca foi radical. Ele não era um articulador da revolução — era um equívoco. Ele era um articulador das reformas. E nisso há uma enorme coerência do Jango. Você não encontra nenhuma posição dele que seja reacionária. Ele tinha um certo senso do que podia e do que não podia. Quando na fase anterior ele articula a retomada dos poderes presidenciais, o faz sem ceder no essencial.*

(Depoimento de Waldir Pires, consultor geral da República no governo Goulart.)

23) *[...] O nosso trabalho era um processo dialético, de dar consciência ao camponês, de garantir os seus direitos. Considero isso um trabalho revolucionário. Os problemas dos camponeses, até então, eram solucionados na delegacia de polícia, que tinha como lei o soldado, o fuzil. Permanecer na terra um, dois anos, assistido por um advogado que lutava por ele na Justiça, isso parecia para o camponês uma verdadeira revolução [...] E por mais que se diga que a nossa preocupação era de ordem puramente reformista, eu achava que a reforma agrária, nesse caso, implicava uma preparação para a revolução social mais profunda. Há dois tipos de reformista: o que faz a reforma para deter um processo revolucionário e o que utiliza a reforma precisamente para acelerar esse processo. [...]*

(Depoimento de Francisco Julião, líder das Ligas Camponesas.)

24) *Mas nós não tínhamos capacidade de organizar o partido [Comunista] nas grandes empresas. Uma prova disso é que não havia greves, a não ser nas empresas estatais, porque o Jango pagava os dias parados. [...] Atribuo isso à nossa orientação equivocada, do ponto de vista estratégico. Como é que iríamos construir o partido nas grandes empresas se estávamos lutando por um governo capitalista? O operário da grande empresa não tem mais nenhuma ilusão com o capitalismo. [...] O Jango tinha uma habilidade muito grande, e a tendência oportunista do movimento sindical era bastante forte. Iam conversar com o Jango e voltavam janguistas. Dirigentes sindicais nossos, inclusive. [...] Diversos deles: Tenório [Luiz Tenório de Lima], Hércules [Correa], o próprio [Roberto] Morena. Todos eles voltavam janguistas. Era o caminho mais fácil: coroar o Jango. Eles viviam lá no Palácio Laranjeiras. O Jango atendia-os no fundamental e ia levando. [...] Eram reivindica-*

ções imediatas, econômicas, para aumentar salários, diminuir horas de trabalho. [...] Porque era um trabalho de capitulação à direita. Era capitulação ao governo do Jango. Dirigiam o movimento sindical, tinham contato com o Jango e tomavam posições direitistas. O partido descambava cada vez mais para a direita. [...] Havia ilusões muito grandes de que havia greves, de que éramos fortes. As greves, veja bem, eram nas empresas estatais. Naquele comício de 13 de março, por exemplo, o Jango botou caminhões, ônibus à disposição, veio gente da Petrobrás, ferroviários, portuários. Tudo pessoal de empresas estatais que obteve grandes vantagens. [...] Nós estávamos equivocados pelo seguinte: tínhamos uma frente única com a burguesia nacional. O representante dessa burguesia, para nós, era o Jango. Diante do movimento grevista, dos aumentos salariais e da inflação, a burguesia foi-se passando para o outro lado. E nós, dirigentes, não acompanhávamos essa mudança de posição de nosso aliado fundamental. [...]

(Depoimento de Luís Carlos Prestes, líder do PCB.)

A organização da direita

Ao mesmo tempo que as esquerdas, a direita também se organizava. Um dos focos conservadores se deu em torno do Instituto de Pesquisa e Estudos Sociais e do Instituto Brasileiro de Ação Democrática (IPES/IBAD), estudados em detalhes pelo historiador René Dreifuss. O complexo IPES/IBAD acobertava uma série de atividades anticomunistas, financiadas por empresas nacionais e internacionais, visando a articulação de uma ação conjunta contra Goulart e o crescimento da esquerda.

25) [...] *Os canais de persuasão e as técnicas mais comumente empregadas compreendiam a divulgação de*

publicações, palestras, simpósios, conferências de personalidades famosas por meio da imprensa, debates públicos, filmes, peças teatrais, desenhos animados, entrevistas e propaganda no rádio e na televisão. [...] [o IPES/IBAD] Saturava o rádio e a televisão com suas mensagens políticas e ideológicas. Os jornais publicavam seus artigos e informações. Para alcançar essa extensão de atividades variadas, o IPES alistava um grande número de escritores profissionais, jornalistas, artistas de cinema e de teatro, relações públicas, peritos da mídia e de publicidade. [...]

O IPES conseguiu estabelecer um sincronizado assalto à opinião pública, através de seu relacionamento especial com os mais importantes jornais, rádios e televisões nacionais, como: os Diários Associados, [...] a Folha de São Paulo [...], o Estado de S. Paulo e o Jornal da Tarde [...]. Eram também "feitas" em O Globo notícias sem atribuição de fonte ou indicação de pagamento e reproduzidas como informação fatual. Dessas notícias, uma que provocou um grande impacto na opinião pública foi que a União Soviética imporia a instalação de um Gabinete Comunista no Brasil, exercendo todas as formas de pressões internas e externas para aquele fim. [...]

(René Armand Dreifuss, *1964: A conquista do Estado*, p. 232-3.)

A crise do governo Goulart

Ao mesmo tempo em que a radicalização de posições levava à formação de uma série de instituições paralelas, os partidos políticos mais importantes encontravam-se em confronto em torno da questão da "guinada para a esquerda" de Goulart. Abelardo Jurema, ministro da Justiça de João Goulart, analisou neste documento as alianças partidárias.

26) *[...] A derrota da candidatura do marechal Lott e a eleição, para vice, de João Goulart, foram as sementeiras da desunião entre os dois partidos de origens tão comuns. Dois complexos, o do êxito e o do fracasso, passaram a fazer mal ao PTB e ao PSD. O primeiro, sentindo-se com o direito de conquista que lhe indicava uma liderança natural, e o segundo, carpindo a derrota com a determinação e com a esperança de retomar a dianteira na sucessão próxima.*

A fase Jânio Quadros serviu de anteparo a choques mais violentos, pois é lugar comum que a adversidade une... Mesmo assim, já se observava no campo da política externa e na área social forte desequilíbrio, que já apontava dissensões profundas entre trabalhistas e pessedistas. As tendências esquerdistas predominantes no PTB começavam a se chocar mais assiduamente e mais seriamente com o centrismo do PSD. Se, no governo Kubitschek, o PTB se acomodava com a satisfação de reivindicações mínimas, no governo João Goulart passou a desejar que as posições se invertessem, procurando forçar o PSD a aceitar o mínimo de concessões político-ideológicas e administrativas.

Essa situação se agravou no Parlamentarismo, quando o PSD e a UDN muito se namoraram, na convivência de Gabinete, de modo a se refletir com maior intensidade na área parlamentar. [...]

O PSD, apesar dos três ministros que possuía no governo e das posições federais que desfrutava nos Estados, passou a omitir-se em várias decisões fundamentais ao presidente, da mesma forma que, nos arraiais janguistas, começou a sofrer toda sorte de restrições. [...]

(Abelardo Jurema, *Juscelino & Jango, PSD & PTB*, p. 82-3.)

Goulart definiu-se pelas reformas de base a partir do comício realizado no Rio de Janeiro em 13 de março de 1964. Nele o presidente assinou uma série de decretos que levavam adiante as reformas, apesar da oposição cada vez maior do Congresso.

27) *[...] Estaríamos, assim, brasileiros, ameaçando o regime se nos mostrássemos surdos aos reclamos da Nação, desta Nação e desses reclamos que, de norte a sul, de leste a oeste, levantam o seu grande clamor pelas reformas de base e de estrutura, sobretudo pela reforma agrária, que será o complemento da abolição do cativeiro para dezenas de milhões de brasileiros, que vegetam no interior, em revoltantes condições de miséria. Ameaça à democracia, enfim, não é vir confraternizar com o povo na rua. Ameaça à democracia é empulhar o povo brasileiro, é explorar os seus sentimentos cristãos, na mistificação de uma indústria do anticomunismo, insurgindo o povo até contra os grandes e iluminados ensinamentos dos grandes e santos Papas que informam notáveis pronunciamentos, das mais expressivas figuras do episcopado nacional. O inolvidável Papa João XXIII é que nos ensina, povo brasileiro, que a dignidade da pessoa humana exige, normalmente como fundamento natural para a vida, o direito e o uso dos bens da terra, ao qual corresponde a obrigação fundamental de conceder uma propriedade para todos.[...]*

A Constituição atual, trabalhadores, é uma Constituição antiquada, porque legaliza uma estrutura socioeconômica já superada; uma estrutura injusta e desumana. O povo quer que se amplie a democracia, quer que se ponha fim aos privilégios de uma minoria; que a prosperidade da terra seja acessível a todos; que a todos seja facilitado participar da vida política do País, através do voto, podendo votar e podendo ser votado; que se impeça a intervenção do poder econômico nos pleitos eleitorais e que seja assegurada a representação de todas as correntes políticas, sem quaisquer discriminações, ideológicas ou religiosas.[...]

De minha parte, à frente do Poder Executivo, tudo continuarei fazendo para que o processo democrático siga o caminho pacífico, para que sejam derrubadas as barreiras que impedem a conquista de novas etapas e do progresso. [...]

Já sabemos que não é mais possível produzir sem reformar, que não é mais possível admitir que esta estrutura ultrapassada possa realizar o milagre da salvação nacional, para milhões e milhões de brasileiros, da portentosa civilização industrial, porque dela conhecem apenas a vida cara, as desilusões, o sofrimento e as ilusões passadas. O caminho das reformas é o caminho do progresso e da paz social. Reformar, trabalhadores, é solucionar pacificamente as contradições de uma ordem econômica e jurídica superada, inteiramente superada pela realidade do momento em que vivemos. [...]

O que se pretende com o decreto [de criação da Superintendência de Reforma Agrária — SUPRA], que considera de interesse social, para efeito de desapropriação, as terras que ladeiam eixos rodoviários, leitos de ferrovias, açudes públicos federais, e terras beneficiadas por obras de saneamento da União, é tornar produtivas áreas inexploradas ou subutilizadas, ainda submetidas a um comércio especulativo, odioso e intolerável. [...]

Reforma agrária com pagamento prévio do latifúndio improdutivo, à vista e em dinheiro não é reforma agrária. Reforma agrária, como consagrado na Constituição, com pagamento prévio e a dinheiro é negócio agrário, que interessa apenas ao latifundiário, radicalmente oposto aos interesses do povo brasileiro. [...]

Em todos os países civilizados do mundo já foi suprimida do texto constitucional aquela parte que obriga a desapropriação por interesse social, a pagamento prévio, a pagamento em dinheiro. [...]

Ao anunciar, à frente do povo reunido em praça pública, o decreto de encampação de todas as refinarias de petróleo particulares, desejo prestar homenagem de respeito àquele que sempre esteve presente nos sentimentos do nosso povo, o grande e imortal presidente Getúlio Vargas. [...]

Também está consignada na mensagem ao Congresso a reforma universitária, reclamada pelos estudantes brasileiros, pelos universitários, classe que sempre tem estado corajosamente na vanguarda de todos os movimentos populares e nacionalistas. [...]

Dentro de poucas horas, outro decreto será dado ao conhecimento da Nação. É o que vai regulamentar o preço extorsivo dos apartamentos e residências desocupados, preços que chegam a afrontar o povo e o Brasil, oferecidos até mediante o pagamento em dólares. Apartamento, no Brasil, só pode e só deve ser alugado em cruzeiros, que é dinheiro do povo e a moeda deste País. [...]

Nenhuma força será capaz de impedir que o Governo continue a assegurar absoluta liberdade ao povo brasileiro. E, para isto, podemos declarar, com orgulho, que contamos com a compreensão e o patriotismo das bravas e gloriosas Forças Armadas da Nação.

Hoje, com o alto testemunho da Nação e com a solidariedade do povo, reunido na praça que só ao povo pertence, o Governo, que é também o povo e que também só ao povo pertence, reafirma os seus propósitos inabaláveis de lutar com todas as suas forças pela reforma da sociedade brasileira. Não apenas pela reforma agrária, mas pela reforma tributária, pela reforma eleitoral ampla, pelo voto do analfabeto, pela elegibilidade de todos os brasileiros, pela pureza da vida democrática, pela emancipação econômica, pela justiça social e pelo progresso do Brasil.

(Apud Edgard Carone, op. cit., p. 232-43.)

A UDN, através de seu líder, Pedro Aleixo, respondeu prontamente ao Comício das Reformas realizado no Rio de Janeiro, divulgando uma nota, lida na Câmara dos Deputados em 19/03/64, onde analisou a atuação de Goulart na condução das reformas de base.

28) *[...] O comício realizado no Rio de Janeiro a 13 do corrente, que o Sr. João Goulart presidiu entre clamores e cartazes subversivos, foi o ponto de partida da marcha organizada contra o sistema constitucional e as instituições democráticas. No fundo, todo aquele aparato, a pretexto de propugnar reformas e investir contra o Congresso Nacional, disfarçava a conspiração dos inelegíveis.*

Se o governo tivesse como objetivo sincero apenas as reformas, já as teria obtido, como as obterá ainda, se as quiser realmente, sem o radicalismo e a agressividade com que as vem colocando.

Mantemos, a esse respeito, a posição que já anunciávamos em manifesto em novembro de 1962:

"Quanto a nós, pode a Nação confiar em que não faltaremos com o nosso apoio a quaisquer iniciativas que, respeitadas as nossas tradições cristãs e democráticas, visem ao acesso da massa camponesa à posse e à propriedade da terra, por meio da reforma agrária, ou a tornar efetivo o direito à casa própria às populações das cidades, com a reforma urbana. Queremos dar ao crédito um autêntico sentido social e econômico, com a reforma bancária, e transformar os impostos em instrumento, ao mesmo tempo, de coleta de recursos, suficientes para as atividades públicas e de redistribuição da renda social, por meio da reforma tributária".

[...] Demos apoio ao Plano Trienal anunciado na mensagem presidencial enviada ao Congresso Nacional em 1963. Mas, quando esse plano de feição democrática é abandonado, sem maiores explicações, para ceder lugar a projetos de inspiração suspeita e incompatíveis com as bases do regime, então nos opomos, porque

não contribuiremos para que progridam os movimentos de guerra revolucionária; para que se infiltre a dominação comunista e para que, por fim, se instale no Brasil qualquer regime totalitário supressivo da liberdade, em cujas franquias desejamos viver e desejamos que vivam todos os brasileiros. Aí estão, para advertência aos mais ingênuos, os numerosos decretos com que o Poder Executivo vem legislando sem a menor cerimônia, com a invasão das atribuições do Congresso Nacional. O que aí se configura não é simples dissídio entre Poderes, mas é ameaça do arbítrio, que compromete a democracia com o poder pessoal e totalitário, cujas raízes se perdem nos desvãos do peronismo. [...]

(Apud Pedro Aleixo, op. cit., p. 632-3.)

Um dos grandes problemas nacionais era a necessidade de reforma agrária, que levou ao confronto direto entre o governo Goulart e as elites proprietárias do país. Francisco Julião, líder das Ligas Camponesas, revela a ótica das esquerdas sobre o problema.

29) *[...] As minhas relações com o Goulart foram boas, até o momento em que ele desencadeou as reformas de base. Eu pregava uma reforma agrária mais profunda, enquanto o Goulart propunha uma reforma agrária que eu chamava de beira de rodagem, de beira de estrada. Achava que ele devia realmente tocar na essência do latifúndio, e não simplesmente distribuir parcelas de terra ao longo das estradas. Quando havia uma tensão social, a preocupação do Goulart era tirar os camponeses da região e entregar-lhes terras ao longo das estradas. Eu achava que isso não era, absolutamente, a verdadeira reforma agrária. Ele devia tocar no latifúndio. Eu achava que era preciso limitar a quantidade de terras, estabelecer um imposto progressivo sobre as terras* *que não se cultivavam. E também modificar, se não me equivoco, o artigo 146 da Constituição, que estabelecia que as desapropriações seriam pagas em títulos da dívida pública, resgatáveis em 20 anos, com uma taxa de juros muito moderada, de 6%. Mas não fazer a reforma agrária nos termos que o Jango propôs. Eu me rebelei por causa disso. E passei a fazer críticas, através dos editoriais do semanário "A Liga". Tanto que não participei da grande concentração do dia 13 de março. Não fui convidado e, se fosse, naturalmente iria denunciar esse tipo de reforma.*

(Apud Dênis de Moraes, *A esquerda e o golpe de 64*, p. 227-8.)

A proposta de "reforma agrária na lei ou na marra", apresentada entre os setores da esquerda, assustava bastante a classe proprietária de terras no país. Nesse manifesto público de abril de 1963, os proprietários buscavam o apoio dos setores médios urbanos contra a desapropriação das terras, argumentando sobre a questão do direito de propriedade.

30) Grito de alerta

Nós, os proprietários de terra, reunidos em Assembleia, na Associação Rural, de Marília, comparecemos com este manifesto perante nossos compatriotas de todos os rincões de nossa Pátria para alertá-los contra a insidiosa manobra que os inimigos da Democracia e da Liberdade estão arquitetando contra a nação brasileira.

Aproveitando-se da necessidade de resolver a situação de desamparo e abandono em que se encontra a grande maioria dos trabalhadores rurais, procuram forçar o Congresso Nacional a aprovar uma Reforma Agrária injusta, inconstitucional e anticristã.

Mas, não nos iludem! Sabem eles que não será com esse famigerado anteprojeto enviado aos líderes partidá-

rios que resolverão o problema agrário nacional. O que visam eles é a destruição do sagrado direito de propriedade, rasgando a Constituição Federal, e a posterior "cubanização" do país.

Alerta, pois, industriais e industriários, comerciantes e comerciários, banqueiros e bancários, médicos e militares, engenheiros e advogados, funcionários públicos e trabalhadores em geral, proprietários de alguma coisa no Brasil. O que está em jogo é o direito de propriedade, direito natural e inviolável, defendido por todas as Constituições dos povos livres.

Cassado o direito de propriedade da terra, virá depois a cassação de todos os demais direitos de propriedade, com as reformas urbanas, comerciais, industriais, etc., numa avalancha incontrolável que nos levará inevitavelmente, com a estatização e a socialização de tudo, ao domínio voraz do comunismo internacional. [...]

(Apud Edgard Carone, op. cit., p. 321-2.)

CAPÍTULO 6

A vida cotidiana e a mudança dos hábitos

A imprensa, um dos palcos de debate político do início dos anos 60, trazia diariamente não apenas os sisudos editoriais, mas também divertidas crônicas, o que demonstrava o clima de liberdade de expressão que o país vivia.

O escritor Millôr Fernandes, por exemplo, satirizou o medo dos setores conservadores do país no texto abaixo.

> **31) Brasil, país comunista**
> *Fala-se muito no perigo comunista para o Brasil, mas esse perigo não existe mais. Pois o Brasil já é um país comunista. Provo-o em 10 itens:*
> *1 — Os homens públicos falam sem nenhuma propriedade.*
> *2 — A mudança da capital para Goiás é prova de que o Governo caminha decididamente para a esquerda.*
> *3 — O preço que atualmente se paga por essas obras de arte automobilísticas, chamadas J.K SIMKA e VOLKSWAGEN, exige sacrifícios tais que bem demonstram que o brasileiro é um adepto fervoroso da arte dirigida.*
> *4 — A tremenda corrida imobiliária e a construção de incontáveis arranha-céus levou os operários a alturas que nunca alcançaram em outros países. Temos aí a verdadeira ascensão do proletariado.*
> *5 — Os assobios e ditos, quando passa pela rua*

um bom "material", mostram que a maior parte dos brasileiros é materialista.
6 — A totalidade das medidas governamentais causam revolta permanente.
7 — País cheio de sol e de praias, aqui todo trabalho é trabalho forçado.
8 — Já está oficializado pelos paredros e técnicos de futebol a instituição dos campos de concentração.
9 — O fato dos proletários terem de criar seus inúmeros filhos sem nenhuma assistência ou amparo oficial mostra que o Estado brasileiro aceita plenamente a tese marxista: "o trabalhador tem direito ao resultado total de seu esforço".
10 — Como provam as crônicas especializadas, o país tem uma sociedade absolutamente sem classe.

(Millôr Fernandes, Lições de um ignorante, p. 80-1.)

O cronista Sérgio Porto, conhecido pelo pseudônimo de Stanislaw Ponte Preta, nos revela um pouco da vida cotidiana nos inícios da década de 1960, através do texto abaixo, onde ele mostra as duas faces da mesma moeda, ou seja, o que se fala e quem fala.

32) Cara ou coroa
[...] **Cara** *— Você me encontra às 3 no café e vamos até lá bater um papo com ele. Depois, se você quiser, podemos ir a um cinema qualquer para fazer hora.*
Coroa *— Funcionário público.*
Cara *— Que bobagem. Comemos um sanduíche e pronto, estamos almoçados. Comer em restaurante demora muito.*
Coroa *— Véspera de pagamento.*
[...]
Cara *— O aumento do custo de vida no Brasil é uma consequência lógica do desenvolvimento do País, insufla-*

do pelo crescimento da população e outros fenômenos dos quais só podemos nos orgulhar.
Coroa — Rico.
[...]
Cara — Trago comigo recortes com comentários sobre as minhas atuações. Gostei imensamente de lá. Eles adoram a bossa nova e eu só não fiquei mais tempo porque senti saudades da nossa terra.
Coroa — Cantor voltando do estrangeiro.
[...]
Cara — O Rio é muito mais lindo do que imaginava. Copacabana é um sonho das Mil e Uma Noites que se tornou realidade. O Pão de Açúcar é uma beleza e, quando voltar ao Brasil, gostaria de ir ver Brasília.
Coroa — Visitante ilustre, no Galeão.
[...]
Cara — Minha peça é uma sátira aos costumes modernos, pois minha intenção era dar um cunho social à trama. A mensagem nela contida é o protesto popular contra as injustiças da sociedade.
Coroa — Autor estreante.
Cara — Os compromissos que assumimos para com o povo nos obrigam a combater as forças imperialistas, o capital colonizador, os grandes trustes, toda e qualquer opressão sobre o operariado e suas justas reivindicações.
Coroa — Deputado da esquerda.
Cara — É nosso dever combater sem tréguas as constantes tentativas de subverter as massas, as sistemáticas infiltrações no meio das classes operárias, os falsos representantes do povo, que se arvoram em seus defensores para fins inequívocos.
Coroa — Deputado da direita.
Cara — Tudo faremos pela vitória. Um abraço para os meus familiares.
Coroa — Jogador de futebol.

(Sérgio Porto, (Stanislaw Ponte Preta), *Rosamundo e os outros*, p 80-3.)

O poeta Carlos Drummond de Andrade também registrou a mudança de hábitos de consumo do brasileiro, resultado da modernização da indústria brasileira ao longo do período que estamos estudando, na crônica abaixo, publicada em meados da década de 60.

33) *A outra senhora*
A garotinha fez esta redação no ginásio:
"Mammy, hoje é dia das Mães e eu desejo-lhe milhões de felicidades e tudo mais que a Sra. sabe. Sendo hoje o dia das Mães, data sublime conforme a professora explicou o sacrifício de ser Mãe que a gente não está na idade de entender mais um dia estaremos, resolvi lhe oferecer um presente bem bacaninha e fui ver as vitrines e li as revistas. Pensei em dar à Sra. o radiofono Hi-Fi de som estereofônico e caixa acústica de 2 altojalantes, amplificador e transformador mas fiquei na dúvida se não era preferível uma tu legal de cinescópio multirreacionário som frontal, antena telescópica embutida, mas o nosso apartamento é um ovo de tico-tico, talvez a Sra. adorasse o transistor de 3 faixas de onda e 4 pilhas de lanterna bem simplesinho, levava para a cozinha e se divertia enquanto faz comida. [...]
Falei de cozinha, estive quase te escolhendo· o grill automático de 6 utilidades porta de vidro refratário e completo controle visual, só não comprei-o porque diz que esses negócios eletrodomésticos dão prazer uma semana, chateação o resto do mês., depois encosta-se eles no armário da copa. Como a gente não tem armário da copa nem copa, me lembrei de dar um, serve de copa, dispensa e bar, chapeado de aço tecnicamente subdesenvolvido. Tinha também um conjunto para cozinha de pintura porcelanizada fecho magnético ultrassilencioso puxador de alumínio anodizado, um amoreco. Fiquei na dúvida e depois tem o refrigerador de 17 pés cúbicos integralmente utilizáveis, congelador cabendo leitão ou peru inteiro, esse eu vi que não cabe lá em casa, sai dessa?

Me virei para máquina de lavar roupa sistema de tambor rotativo mas a Sra. podia ficar ofendida deu querer acabar com a sua roupa lavada no tanque, alvinha que nem pomba branca [...]. Quase entrei na loja para comprar o aparelho de ar condicionado de 3 capacidades [...].

Mammy, o braço dói de escrever e tinha um liquificador de 3 velocidades, sempre quis que a Sra. não tomasse trabalho de espremer laranja, a máquina de tricô faz 500 pontos, a Sra. sozinha faz muito mais. Um secador de cabelo para Mammy! gritei, com capacete plástico mas passei adiante [...] Acabei achando tudo meio chato, tanta coisa para uma garotinha só comprar e uma pessoa só usar, mesmo sendo a Mãe mais bonita e merecedora do Universo. E depois, Mammy, eu não tinha nem 20 cruzeiros, eu pensava que na véspera deste Dia a gente recebesse não sei como uma carteira cheia de notas amarelas, não recebi nada e te ofereço este beijo bem beijado e carinhoso de tua filhinha Isabel"

(Carlos Drummond de Andrade, *Cadeira de balanço*, p. 143-5.)

CAPÍTULO 7

O golpe militar de 1964

Através da reportagem publicada poucos dias após o desfecho do golpe militar de março de 1964, podemos identificar os principais interessados na substituição de Goulart e na repressão aos movimentos de esquerda, que seriam perseguidos daí em diante. Os golpistas se autointitularam "revolucionários", dizendo ter salvado o país da "ameaça vermelha" e da explosão da inflação.

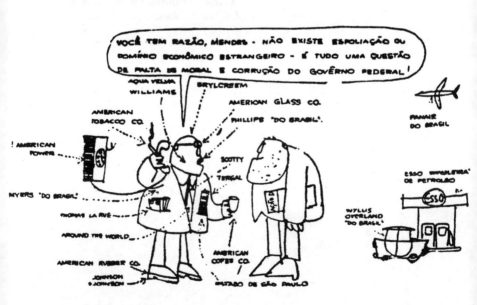

A indústria "brasileira" vista por Claudius. (Jornal Brasil Urgente, n.º 8, 5/5/63.)

34) Os cifrões da crise

Eliezer Burlá

Aconteceu uma coisa espantosa com a última revolução brasileira. O dólar baixou de custo. E não apenas 10 ou 20 cruzeiros. Mas 500 de uma só vez. Se isto serve de termômetro para a confiança depositada nos ideais da revolução, não há a menor dúvida de que a redemocratização do país gerou um clima de otimismo como não se via há muitos anos. Entretanto, como o próprio ministro da Fazenda declarou, a situação financeira é calamitosa e urgem providências drásticas e corajosas. O povo e as classes conservadoras concordam. Mas já começam a investir maciçamente no futuro.

— *A Bolsa de Valores do Rio de Janeiro tem batido recordes. Em apenas um dia, no primeiro dia da reabertura depois da crise, movimentaram-se ações totalizando 1 bilhão de cruzeiros.*

— *Na Guanabara, reabriram-se as negociações para a instalação de 177 novas indústrias, totalizando capitais da ordem de 40 a 50 bilhões de cruzeiros.*

— *Os bancos, que tinham sofrido uma corrida no dia posterior ao último discurso de Goulart, mais uma vez tiveram a surpresa de verificar que, vitoriosa a revolução, os clientes voltavam para depositar, não para retirar. A revolução colhia, assim, um fruto inesperado. O da confiança popular e das classes produtoras, não apenas na área política ou ideológica, mas sobretudo na econômica. [...]*

[...] Quando a revolução redemocratizou o país, na velocidade espantosa de 48 horas, praticamente sem um tiro, surgiram logo os primeiros resultados positivos.

— *Reabertura do diálogo com os nossos credores externos.*

— *Oferta americana de 400 milhões de dólares.*

— *Volta ao Brasil de capitais que se dirigiam a outros países.*

— *Dólar baixando até 1260 cruzeiros no paralelo, e 1270 no mercado manual.*

— *Uma só empresa particular, a Volkswagen, anunciando a inversão de mais 28 bilhões de cruzeiros, cifra superior a todo o capital por ela investido nestes últimos anos.*

(Eliezer Burlá, 'Os cifrões da crise', in Revista *Fatos & Fotos*, p. 70-1.)

CAPÍTULO 8

Conclusão

Concluímos nosso estudo com mais um confronto de opiniões. Afinal, o assunto não tem um julgamento definitivo e a prática do historiador consiste exatamente em tentar estabelecer um conhecimento válido, partindo até mesmo de visões aparentemente contraditórias.

Temos aqui três visões conflitantes sobre o significado do governo Goulart e do golpe militar de 1964.

35) *Após dizer que na hierarquia dos valores espirituais a pessoa humana ocupa o primeiro lugar, a sociedade, o segundo, e o Estado, o terceiro, o Padre Pedro Vidigal (PSD — Minas) sustentou que a defesa desses valores espirituais mais altos de um povo pode dar à Revolução Democrática Brasileira o direito de sacrificar outros, pois os movimentos revolucionários costumam ter significação purificadora e regeneradora. Disse que, na rebelião das Forças Armadas, domina a ideologia anticomunista, que é, incontestavelmente, a da quase totalidade do povo brasileiro. Se esta revolução for catastrófica, disse, não o será para os anticomunistas, porém, certamente, para os comunistas e todos os de sua linha auxiliar: "nacionalistas", esquerdistas, inocentes-úteis, ou, em menos palavras, os "agressivos", "bossa-novistas", etc. Também, ajuntou, a revolução poderá ser catastrófica para os negocistas que cortejam os comunistas, mendigando-lhes o apoio eleitoral e oferecendo-lhes, em contrapartida, boas posições na administração da coisa pública.*

Morte do comunismo

Ao sustentar que uma revolução é uma morte parcial, pois muita coisa morre do fato de uma revolução, disse o pedessista mineiro:

"Nesta revolução, morreram as esperanças que os comunistas tinham de cubanizar o Brasil, e dela surgirá, sem dúvida alguma, um outro Brasil bem melhor que o de ontem. Homens heroicos, capazes de todos os sacrifícios, inclusive o da vida, pela ideia de salvar a Pátria da funesta, maléfica e calamitosa influência dos comunistas, preparavam, aqui na Câmara e no Senado, o clima para a eclosão do movimento revolucionário. Esta justa e necessária revolução tem uma meta a atingir: a do extermínio desses agentes do comunismo internacional, materialista e ateu, e somente deverá ensarilhar as armas quando não houver mais comunistas em liberdade no País. E, para que assim seja, os responsáveis por ela não podem nem devem consultar a quem quer que seja sobre os seus direitos e os seus deveres."

(Entrevista do dep. Pedro Vidigal, in *O Globo*, p. 5.)

36) [...] *Eles foram vitoriosos devido à omissão e incapacidade de quem dirigia o país de se colocar frente à história, frente ao drama, frente à morte. A frase do Jango de que "eu não quero que haja mortos" decretou a morte do país. Ele não queria ver determinados mortos, mas permitiu o assassinato do país, o que é muito sério. As Nações também morrem, as épocas também morrem, e ele, Jango, acabou morrendo também. Nem em legítima defesa ele reagiu.* [...] *Quando chegamos perto da praia do Flamengo, vimos de longe o prédio pegando fogo. Nos aproximamos, perplexos. A UNE pegando fogo? Não era possível. Parecia mais um pesadelo. Ficamos ali, olhando aquelas labaredas... Não* *chorei porque nos momentos de tragédia eu costumo ficar frio. Para mim, aquelas chamas queimavam não apenas o prédio da UNE mas a possibilidade histórica construtiva. Faziam cinzas de um processo brilhante e irrecuperável. Fomos então para o apartamento não me lembro mais de quem, ali perto, onde havia outras pessoas, igualmente perdidas. De lá continuávamos vendo o incêndio, e com ele a euforia da classe média. Caía papel picado das janelas e sacadas. Essa classe média achava que estava salvando o Brasil do comunismo. E nunca o comunismo esteve tão longe do poder. Ela nunca esteve tão desinformada do seu próprio papel. Mas ela aderiu ao movimento golpista com tal entusiasmo que tinha gosto de verdade... [...]*

(Depoimento do líder estudantil Herbet de Sousa. In Ricardo Gontijo, *Conversas com Betinho*, p. 74-5.)

37) *[...] O Jango só foi entendido realmente pela direita. A direita verificou que ele era um perigo, e se unificou toda para derrubá-lo e levar o país a essa situação. O Jango abriu uma alternativa concreta para o que se chamava de revolução brasileira, uma renovação do Brasil. Prosseguiu no mesmo caminho de Getúlio, com uma ação do Estado para reordenar a sociedade. Ele propôs um projeto para o Brasil, que estabelecia o crescimento de indústrias estatais e o controle do capital estrangeiro. Retomava o projeto nacional de desenvolvimento de Getúlio Vargas. [...] É claro que qualquer esquerdista estava pronto a dizer que nós éramos uns reformistas, e que eles tinham um projeto de revolução. Eu mesmo cheguei a acreditar, num certo momento, que talvez o milagre de Cuba pudesse se repetir. O milagre de Cuba é uma leitura errada da História, segundo a qual 12 pessoas que fossem para as montanhas fazer guerri-*

lha encontrariam um túnel para chegar ao poder. Em nenhum lugar se conseguiu isso. [...] Naquele momento, nós tínhamos o governo de Jango, que não havia ganho a eleição. Foi uma circunstância da História, com a renúncia de Jânio Quadros, que o fez chegar à Presidência, onde ele iria cumprir os destinos traçados pelo PTB, de orientação reformista, que algumas esquerdas loucas chamam de populista. O que é populista? Para eles, uma forma de odiar certa conduta por reformas. Mas, de fato, o que eles chamam de populista é um tipo de governo, como os de Getúlio e Jango, que tentou soluções dentro do quadro da História para o Brasil. Soluções fora da História são desvarios. [...]

(Depoimento de Darcy Ribeiro, chefe da Casa Civil de Goulart. In Dênis de Moraes, A esquerda e o golpe de 64, p. 300-1.)

VOCABULÁRIO

BENS DE CONSUMO DURÁVEIS — Os principais são os carros e eletrodomésticos como televisões, geladeiras, rádios, etc.

BENS INTERMEDIÁRIOS — São as matérias-primas pré-processadas necessárias para a produção de outros bens. Os principais exemplos são os produtos da siderurgia.

BOSSA NOVA — Movimento musical inspirado na fusão entre a música popular brasileira e o *jazz* norte-americano. São figuras importantes da época Tom Jobim, Vinícius de Morais, João Gilberto, Newton Mendonça, entre outros. A expressão era usada, também, para designar coisa moderna, atual.

BURGUESIA — É a classe proprietária dos meios de produção. No caso brasileiro inclui os industriais, banqueiros, empresários, comerciantes, etc.

CINEMA NOVO — Corrente do cinema brasileiro de temática nacional iniciada em finais da década de 1950. Os diretores mais representativos foram Nelson Pereira dos Santos, Paulo César Saraceni, Gláuber Rocha, Joaquim Pedro de Andrade, Ruy Guerra, Leon Hirzman, Walter Lima Jr. e Carlos Diegues.

DIREITA — A palavra é usada normalmente como sinônimo de conservador. Representa as forças conservadoras da sociedade.

ESQUERDA — A palavra é usada como sinônimo das forças renovadoras da sociedade. O mais certo seria a referência às esquerdas, uma vez que representam inúmeras facções substancialmente diferentes em seus métodos e objetivos.

GUERRA FRIA — Foi o confronto surdo entre Estados Unidos e União Soviética no período posterior à Segunda Guerra Mundial. Era "fria" pois raramente houve conflito direto entre as potências. Grosso modo podemos entendê-la como o confronto entre "capitalismo" e "comunismo".

LÍDER CARISMÁTICO — É aquele líder que se apresenta perante seus comandados como uma pessoa especial, diferente, como se sua liderança viesse de fatores pessoais e não de sua situação de riqueza, classe ou posição. Muitas vezes ganha conotações religiosas. Os exemplos mais típicos na história mundial foram Hitler e Napoleão. Na história do Brasil o mais representativo é Jânio Quadros.

LIGAS CAMPONESAS — Associações surgidas na década de 50 que defendiam os interesses dos trabalhadores rurais, levantando a bandeira da reforma agrária e da sindicalização do camponês. Seu principal líder foi o Deputado Francisco Julião.

PARLAMENTARISMO — Sistema de governo baseado na separação entre o representante da nação e o chefe do governo. É o sistema adotado na Inglaterra, onde o rei "reina mas não governa". No caso brasileiro tivemos um presidente, chefe da nação, e um primeiro-ministro, encarregado da escolha dos ministros e chefe do poder Executivo.

PESSEDISTA — Político ligado ao Partido Social Democrático, PSD.

PETEBISTA — Político ligado ao Partido Trabalhista Brasileiro, PTB.

PRESIDENCIALISMO — Sistema de governo onde a função executiva está nas mãos do presidente da República eleito periodicamente. Cabe ao presidente a escolha dos ministros e a representação da nação perante outros povos, ou seja, ele é chefe de Estado e de governo.

POLÍTICA EXTERNA INDEPENDENTE — Linha de ação levada adiante pelo Itamaraty após o governo Jânio Quadros, que se caracterizava pela aproximação em relação ao chamado Terceiro Mundo e aos países socialistas. Com isso o Brasil abandonou a política de alinhamento automático aos interesses norte-americanos.

POPULISMO — O termo é utilizado normalmente para caracterizar uma situação política onde existe uma relação bastante próxima entre o "povo" e um "líder", ultrapassando os partidos políticos e outras instituições representativas da sociedade. Na América Latina, o populismo foi característico da fase de industrialização, onde o avanço econômico rápido não foi acompanhado na mesma velocidade por mudanças nas instituições político-sociais.

UDENISTA — Político ligado à União Democrática Nacional, UDN.

CRONOLOGIA

1954   24 de agosto: suicídio de Getúlio Vargas; assume o poder Café Filho.
3 de outubro: eleições para o Congresso.
1955   3 de outubro: eleições presidenciais. Vencem Juscelino e Jango.
3 de novembro: afastamento de Café Filho por doença; assume Carlos Luz.
11 de novembro: o general Henrique Teixeira Lott executa o "contragolpe preventivo", derrubando Carlos Luz; assume o senador Nereu Ramos.
21 de novembro: Café Filho é impedido de reassumir a Presidência.
1956   31 de janeiro: posse de Juscelino Kubitschek e João Goulart.
19 de setembro: início da construção de Brasília.
14 de dezembro: Marinha recebe o porta-aviões Minas Gerais.
1957   25 de outubro: fim da greve de 400 mil trabalhadores em São Paulo.
1958   16 de março: Chega a missão do Fundo Monetário Internacional (FMI).
28 de junho: Brasil campeão mundial de futebol na Suécia.
1959   26 de maio: JK propõe a criação da Operação Pan-Americana.
28 de junho: JK rompe com o FMI.
10 de dezembro: Jânio é lançado pela UDN para substituir Juscelino.
15 de dezembro: criação da Sudene.
1960   21 de abril: inauguração de Brasília.
21 de maio: Brasil reata negociações com o FMI.

	3 de outubro: eleições presidenciais. Vitória de Jânio e Jango.
1961	31 de janeiro: posse de Jânio e Goulart já em Brasília.

30 de julho: João Goulart é mandado em viagem oficial à China.
19 de agosto: Jânio condecora Che Guevara.
25 de agosto: Jânio renuncia.
27 de agosto: Brizola inicia movimento pela posse de Goulart.
30 de agosto: Os ministros militares divulgam manifesto contrário à posse do vice-presidente.
2 de setembro: aprovada a emenda parlamentarista.
7 de setembro: posse de Goulart na Presidência; Tancredo Neves é o primeiro-ministro.
15 de novembro: lançada a campanha pela reforma agrária.

1962 17 de março: a UNE realiza seminário sobre a reforma universitária.
1.º de maio: Goulart apresenta seu Plano de Reformas de Base.
26 de junho: Brasil bicampeão mundial de futebol no Chile.
5 de julho: A CNTI e o PUA convocam greve geral.
6 de julho: Francisco de Paula Brochado é novo primeiro-ministro.
18 de setembro: Hermes Lima é o novo primeiro-ministro.

1963 6 de janeiro: plebiscito determina a volta do presidencialismo.
4 de agosto: rejeitado pela Câmara o projeto que daria aos trabalhadores rurais os benefícios trabalhistas.
12 de setembro: rebelião de sargentos da Marinha e Aeronáutica.
6 de outubro: reprimida em Recife uma manifestação de camponeses.

1964   17 de janeiro: lei de controle das remessas de lucro para o exterior.
13 de março: comício das Reformas no Rio de Janeiro.
19 de março: marcha de 500 mil pessoas contra o governo Goulart.
27 de março: nova revolta dos marinheiros no Rio de Janeiro.
31 de março: inicia-se o movimento militar que derrubou Jango.
3 de abril: Goulart exila-se no Uruguai.

PARA SABER MAIS

Recomendamos algumas leituras relativamente fáceis que podem complementar o texto.

BENEVIDES, Maria Victória de Mesquita. *O governo Jânio Quadros*. São Paulo, Brasiliense, 1981. Col. Tudo é História, v. 30.

MARANHÃO, Ricardo. *O governo Juscelino Kubitschek*. São Paulo, Brasiliense, 1981. Col. Tudo é História, v. 14.

POERNER, Artur José. *O poder jovem*. Rio de Janeiro, Civilização Brasileira, 1979.

SKIDMORE, Thomas. *Brasil: de Getúlio a Castelo*. Rio de Janeiro, Paz e Terra, 1982.

TOLEDO, Caio Navarro de. *O governo Goulart e o golpe de 64*. São Paulo, Brasiliense, 1982. Col. Tudo é História, v. 48.

Além disso, lembramos a existência de alguns documentários sobre a época disponíveis em vídeo.

Os anos JK, de Sílvio Tendler.
Jânio a 24 Quadros, de Luiz Alberto Pereira.
Jango, de Sílvio Tendler.

BIBLIOGRAFIA

Livros:

AFFONSO, Almino. *Raízes do golpe*. São Paulo, Marco Zero, 1989.

ALEIXO, Pedro. *Discursos parlamentares*. Brasília, Câmara dos Deputados, 1985.

BOTAS, Paulo Cezar Loureiro. *A bênção de abril*. Petrópolis, Vozes, 1983.

CARONE, Edgard. *A Quarta República (1945-1964)*. São Paulo, Difel, 1980.

DREIFUSS, René Armand. *1964: a conquista do Estado*. Petrópolis, Vozes, 1981.

DRUMMOND DE ANDRADE, Carlos. *Cadeira de balanço*. Rio de Janeiro, Livraria José Olympio, 1966.

FERNANDES, Millôr. *Lições de um ignorante*. Rio de Janeiro, Paz e Terra, 1963.

GONTIJO, Ricardo. *Conversas com Betinho*. Rio de Janeiro, Vozes, 1988.

JUREMA, Abelardo. *Juscelino & Jango, PSD & PTB*. Rio de Janeiro, Arte-nova, 1979.

LACERDA, Carlos. *Depoimento*. Rio de Janeiro, Nova Fronteira, 1987.

LOREDANO, Cássio. *Nássara; desenhista*. Rio de Janeiro, Funarte/Instituto Nacional de Artes Plásticas, 1985.

MORAES, Dênis de. *A esquerda e o golpe de 64*. Rio de Janeiro, Espaço e Tempo, 1989.

PORTO, Sérgio (Stanislaw Ponte Preta). *Rosamundo e outros*. Rio de Janeiro, Editora do autor, 1963.

SANTOS, Paulo de Tarso. *64 e outros anos*. São Paulo, Cortez, 1984.

SILVA, Hélio. *1964: golpe ou contragolpe?*. Porto Alegre, L & PM, 1978.

WEBER, Hilde. *O Brasil em charges 1950-1985*. São Paulo, Circo Editorial, 1986.

Coleções:
100 anos de República, Um retrato ilustrado do Brasil. São Paulo, Nova Cultural, 1989, v. 6 e 7.

FAUSTO, Bóris, org. *História geral da civilização brasileira*. São Paulo, Difel, 1986. v. 10 e 11.

Periódicos:
Revista *O Bom Humor de Homem*, ano I, n.º 12-A, julho 1976. São Paulo, Abril, 1976. Número especial de *A Revista do Homem*.

Revista *Fatos & Fotos*, n.º 167/168. Rio de Janeiro, Bloch Editores, 18/4/1964.

Jornal *O Globo*, Rio de Janeiro, 11/4/1964, n.º 11633.

Discos:
CHAVES, Juca. *As músicas proibidas de Juca Chaves*. S. Bernardo do Campo, Odeon, 1968.

JOBIM, Antônio Carlos & MORAIS, Vinícius de. *Brasília — Sinfonia da Alvorada* (Disco e encarte). Brasília, Departamento de Turismo do Governo do Distrito Federal/CBS, 1983.

Impressão e Acabamento